Drogas, a porta da perdição

Djalma Santos

Drogas, a porta da perdição

2ª edição

Editora Ideia Jurídica

DROGAS, A PORTA DA PERDIÇÃO

Editor: *Cláudio Luiz Brandão José*
Capa e diagramação: *Rogério Mota*
Revisão: *Maria Flavia dos Reis Amambahy*
2ª edição *2015*
Impresso no Brasil *Printed in Brazil*

Eij

Editora Ideia Jurídica Ltda.
editorial@editoraeij.com.br
Tel. (21) 3437-3400 / 3437-4400

DADOS INTERNACIONAIS PARA CATALOGAÇÃO NA PUBLICAÇÃO (CIP)

S234d

Santos, Djalma, 1938-
Drogas, a porta da perdição / Djalma Santos. – 2. ed.
Rio de Janeiro : Ideia Jurídica, 2015.
140 p. ; 21 cm.

ISBN 978-85-87873-26-2

1. Drogas – Abuso – Brasil. 2. Drogas – Abuso - Aspectos-sociais - Brasil. I. Título.

CDD- 362.293

JOSÉ CARLOS DOS SANTOS MACEDO — BIBLIOTECÁRIO CRB7 N.3575

Sumário

Qualquer produto químico ou natural que possa provocar alterações no metabolismo ou na área mental de uma pessoa é considerado droga, inclusive os calmantes e tranquilizantes; remédios para emagrecer, xaropes, inalantes ou solventes, que podem ser comprados normalmente em farmácias ou em lojas especiais. É necessário ter muito cuidado com a automedicação, que muitas vezes leva o paciente a uma dependência de drogas, sem que o médico tome conhecimento do que se passa com a pessoa enferma, e sem que a própria pessoa se dê conta do perigo que está correndo.

Prefácio

Pesquisando a história universal desde os tempos mais remotos, chegamos à conclusão de que o uso de drogas pelo ser humano vem de muito longe, de tempos recuados, porque a origem das drogas está na própria natureza dos homens, nessa busca incansável pela sua eternidade, pela paz, pela alegria e pela felicidade.

É claro que sempre existiram outras formas de se sentir feliz, sem apelar para as drogas, mas de um modo geral buscamos sempre as facilidades, o automatismo, e, de preferência, o milagre. Usuários de drogas desavisados e desconhecedores do mal proporcionado pelos alucinógenos imputam às drogas verdadeiros milagres no campo do comportamento, da alegria, do êxtase e do desprendimento; quando na realidade o que ocorre é apenas uma ação temporária, excitação que logo passa, deixando um rastro de melancolia, tristeza e depressão.

A falta de uma formação rígida dentro do campo familiar, de uma religiosidade como forma de anteparo espiritual, e de muitas vezes um campo de trabalho, onde se possa exercitar atividades altruísticas, de preferência em benefício dos outros, pode levar as pessoas, principalmente os jovens, a buscar novas formas de prazer, como uma espécie de fuga aos compromissos com a vida; entrando pela chamada “porta larga” das drogas, numa ânsia incrível de encontrar respostas que são internas e não externas.

Nenhum filósofo, pensador, escritor ou cientista, pode ter a pretensão de acabar com as drogas; e mesmo que se conseguisse deter o avanço das drogas proibidas, ainda restariam as drogas permitidas, como o álcool, o fumo, os xaropes, as colas e outros produtos potencialmente nocivos ao organismo humano. O que se pretende com a edição desse livro é conscientizar pais, filhos, avós e demais membros da parentela familiar, do perigo que é o uso de drogas, em qualquer idade; porque se fala muito de usuários jovens, mas, nos dias de hoje, o número de pessoas na maturidade usando drogas é altíssimo, com participação também relevante de adolescentes e idosos.

Outro detalhe interessante a ser observado no uso de drogas é que a ação mental do usuário tem papel preponderante na conquista do "êxtase", assim como na dependência que certamente ocorrerá depois de algum tempo do uso, e isso está provado até pela história dos povos, ou seja, países produtores de drogas em larga escala, como a China com o ópio, a Colômbia com a cocaína, e a Bolívia com a maconha, e até mesmo o Brasil, que é também grande produtor de maconha, não tem nos plantadores e nativos (índios) uma ação destruidora, como ocorre com os usuários, cuja mentes estão poluídas pelo desejo de emoções fortes.

A ideia da entrega do corpo e da mente é que dita a diferença entre usar ou abusar dos alucinógenos, e isso é tão real que, quando morre uma pessoa em razão do uso de drogas, se diz que ela tomou uma *overdose*, ou seja, uma dose excessiva, ultrapassando os limites de absorção do organismo físico, já depauperado pelo uso contínuo das drogas. Acresce o fato de que, no mais das vezes, as libações alucinógenas são realizadas em grupo, o que aumenta ainda mais a excitação e o poder mental de desejo na satisfação temporária do gozo.

O acompanhamento da vida diária dos filhos, desde a fase infantil até a fase adulta pelos pais, é fator principal para evitar o aliciamento realizado pelos traficantes, que normalmente não são desconhecidos, e sim pessoas da intimidade do grupo familiar, como colegas de escola, universidades e amigos da família, que se aproveitam da intimidade que gozam para aliciar e levar para o mundo das drogas os incautos da vida. Não permita que seus filhos levem para dentro do seu lar vários amigos que vão para o quarto do adolescente e ali fecham a porta, permanecendo várias horas, sem que os pais tenham conhecimento do que está acontecendo porta adentro, como também, não permita que amigos dos seus filhos, mas estranhos aos pais, passem a noite e durmam no quarto dos seus filhos.

Procure acompanhar seus filhos e netos na ida e volta da escola, procurando conhecer todos os amigos mais chegados a eles, de preferência anotando endereços e telefones desses amigos, afim de que se possa ter um controle efetivo da vida diária em casa e na escola, sem que isso possa representar uma coerção para os filhos, e sim uma segurança, em caso de se necessitar de informações a respeito de atrasos ou desaparecimento de um filho ou neto. Sem conhecer os amigos e colegas de seus filhos e netos, os pais ficam à deriva, sem informações precisas de como encontrar alguém que está sumido, sem dizer para onde foi.

O médico Albert Hofman[1] descobriu em 1943 as propriedades psicoativas do ácido lisérgico LSD-25, substância alucinógena poderosa, partindo daí para outras descobertas químicas, também de efeitos psicoativos no organismo humano, com possibilidades de alterar o senso de humor e o estado mental do usuário. Esses produtos químicos, como também muitos outros, têm o poder de alterar o estado psíquico das pessoas, levando-as a um estado de alucinação, principalmente quando se trata de participação em rituais ou cerimônias religiosas em tribos primitivas.

As drogas mais conhecidas no mundo inteiro são o ópio, a morfina, a cocaína, a maconha e agora o *crack*, que vem entrando de uma forma avassaladora na vida das pessoas, principalmente nas camadas mais pobres, devido ao seu baixo custo e a facilidade de sua obtenção, uma vez que as autoridades foram pegas de surpresa com o aparecimento dessa droga, aparentemente inofensiva, mas que está destruindo a mente de milhares de crianças e jovens em todo o mundo. No Brasil, o *crack* já é uma epidemia, em bolsões de miséria e descaso; agrupando milhares de crianças e jovens nas partes mais obscuras das grandes cidades, revelando um lado ainda desconhecido da sociedade brasileira. São centenas e centenas de "mortos-vivos" ou "zumbis", vagando sem rumo nos locais ermos das cidades,

[1] N.E.: Cientista suíço (1906-2008).

formando o que se chama de "cracolândia", ou seja, local exclusivo para o uso dessa droga da moda.

Desde as mais priscas eras que as viciações provocam uma mudança radical no comportamento das pessoas, influindo até na vida dos países ou nações. A antiga Roma do imperador César, com um dos exércitos mais poderosos do mundo, foi vencida e saqueada pelos bárbaros, que aproveitaram a decadência dos romanos nas viciações para invadir de surpresa a cidade e encontrar uma cidade arrasada pelos vícios, desejos e paixões; com os soldados que tinham a responsabilidade de proteger a cidade caídos, sonolentos e amolentados pelo uso de drogas, do álcool, do fumo e do sexo desregrado.

A guerra do Vietnã,[2] que muitos especialistas dizem que foi vencida pelo vietnamitas. Foi na realidade vencida pelo uso de drogas por parte dos soldados americanos, que recebiam os alucinógenos dos próprios militares superiores, que estavam mais interessados em ganhar dinheiro do que defender a bandeira do país. Quase no final do embate, que envolveu milhares de soldados dos dois lados, uma pesquisa realizada por especialistas que foram observar a guerra de perto, constatou que de cada dez soldados americanos, pelo menos seis usavam drogas e partiam para o combate sem medo, mas sem forças para lutar e se deixavam matar, como se fossem bois a caminho do matadouro.

2 N.E.: Nome dado pelos americanos aos conflitos entre o Vietnã do Norte e o Vietnã do Sul (1954-1975). Esse conflito, no qual intervieram a antiga URSS, a China Popular e os EUA, envolveu todos os países da península indochinesa.

Adote os seus filhos, os seus netos, antes que os traficantes os adotem trabalhando diariamente no coração deles, dando bons exemplos, não fumando na frente deles, nem consumindo bebida alcoólicas na frente deles, não permitindo "festinhas" regadas a álcool e fumo, como não permitindo também que participem de festivais de música *pop*, em que se aglomeram milhares de jovens, sem nenhum controle, sem nenhuma higiene, numa promiscuidade incrível, em que o resultado é sempre o pior.

Este é mais um livro que coloco à disposição do leitor, na simples intenção de ajudar, de cooperar, de alertar para o perigo do uso das drogas, para que você, meu querido leitor, possa ser feliz, fazer os seus pais felizes, assim como a sociedade em que você vive.

Muita, muita paz.

Djalma Santos

1

A verdade sobre as drogas

> "A felicidade existe em todos os graus superiores da hierarquia dos espíritos. Não é igual para nenhum espírito e varia bastante quanto à satisfação de cada um. Uma verdade é indiscutível: nenhum espírito é feliz por estar na inércia, na inutilidade e no repouso sem limites. Não, aí ele não vai encontrar nunca a felicidade interior."
> (Walter Barcelos. *Justiça e felicidade*, p. 135.)

As substâncias químicas ou naturais causadoras de viciações podem estar ligadas a usuários de vários medicamentos que são utilizados como terapia na área das distonias mentais, principalmente quando não há a devida vigilância nas doses que são recomendadas pelos médicos. O uso indevido de determinados medicamentos, ao invés de concorrerem para a cura ou mesmo o alívio do paciente, passam a ser causadores da dependência, provocando sérios prejuízos no mecanismo metabólico do doente.

O uso das drogas pelo homem terreno vem de datas milenares, e na antiga Pérsia (atual Irã), na Índia, no Peru, na Bolívia e na Colômbia, o uso de drogas pelos nativos era considerado normal, sem que os usuários se comprometessem de uma forma dependente, como acontece nos dias de hoje, com os nossos viciados das grandes cidades, cidades pequenas, a atualmente até nas zonas rurais.

O conhecimento e o uso de drogas alucinógenas existia na Índia, no Egito e na China muito antes do Cristo, só que a utilização era restrita, uma espécie de círculo fechado, que somente poucos tinham conhecimento e acesso, e mesmo assim só em festejos e práticas religiosas, com a finalidade de alcançar uma união com esferas superiores, transcendendo a realidade normal das pessoas; uma espécie de encontro com as divindades do espaço, assim como a ideia de um processo de cura e também de percepções sensoriais.

As drogas ou produtos químicos alucinógenos estão diretamente ligados à atuação da mente imortal, ao pensamento e aos sentimentos do homem, sendo portanto infantil pensar que o uso puro e simples das drogas possa realizar um efeito negativo imediato ou prolongado se não contar com a força mental, que no fundo é quem comanda a viagem psicodélica do usuário, que se não tiver uma concentração exata da experimentação, não sofrerá os danos.

Durante mais de um século a China foi dominada pelos ingleses, que induziam os chineses a usar ópio, uma droga pesadíssima, que leva anualmente milhares de pessoas à morte, com a finalidade de fazer que ficassem abobalhados e atoleimados, sem poder de ação física, e assim poder dominá-los à vontade; isso era efetuado diariamente, com milhares de chineses recebendo as libações alucinógenas do ópio, sem que o efeito dessa droga, conhecida como uma das piores, efetivasse qualquer dano maior no organismo daquele povo. O mal da viciação não se enraizava porque não havia a intenção de se drogar, e tomavam o ópio, da mesma maneira que tomavam o chá, e assim não sentiam o efeito sombrio que afeta aqueles que utilizam da droga intencionalmente.

São muitos os vícios ligados às drogas alucinógenas, que possuem variedades múltiplas e são responsáveis por enfermidades, além da destruição do organismo físico do homem e também alcançar a parte mais sensível do ser humano, que é o lado psíquico do espírito imortal. O uso desenfreado de drogas por determinado tempo causa desordens físicas e espirituais, que podem se prolongar em vários tipos de distúrbios inerentes à vida social, alcançando muitas vezes o grupo familiar daquele que se envolve drogas.

A cocaína, o ópio, a heroína, a morfina e o *crack*, são as drogas mais conhecidas da humanidade, mas essas são drogas cujo rótulo é de que são "pesadas", ou seja, perigosíssimas, e que devem ser evitadas a todo custo. Essa propaganda negativa desses alucinógenos até que ajuda um pouco no combate ao tráfico e uso pelos viciados, mas ao mesmo tempo são permitidas outras drogas tão nocivas quanto as que são proibidas, e nessa situação estão o álcool e o fumo, que matam milhares de pessoas em todo o mundo, originando cânceres de várias gêneses e a cirrose.

É importante ressaltar nessa história que quase todo usuário das drogas ditas pesadas começaram o ritual em direção à morte com o vício do álcool e do fumo, para só então mais tarde entrar no uso da maconha, da cocaína ou do *crack*. Hoje já está provado cientificamente que existe uma ligação íntima dos pequenos vícios com a dependência determinante que os viciados nas drogas pesadas experimentam nessa jornada sinistra.

Depois de uma experiência longa no caminho das drogas, sejam elas permitidas ou não, a volta ao estado normal da vida é muito difícil, e em certos casos é quase impossível, terminando com a morte do viciado, cujo organismo se infectou de tal maneira que não dá mais para se fazer uma desintoxicação completa, permitindo que os resíduos deixados pelo uso indiscriminado das drogas continue destruindo as forças vitais do organismo somático.

O alcoolismo e o tabagismo identificam pessoas que são incapazes de se abster desses vícios, iniciando um processo contínuo de graves consequências para o organismo humano, e hoje já se sabe que o álcool provoca contaminação no perispírito, que certamente vai influir nas inibições físicas de novas reencarnações, e isso sem falar dos males físicos como a cirrose, o desânimo, a melancolia e a preguiça, que de um modo geral invadem as mentes dos viciados em álcool e fumo.

O uso do álcool causa também prejuízos na área social, nos relacionamentos familiares, afeta o psiquismo, e em certos casos pode até afetar os estados de consciência, induzindo o viciado a entrar em contato ou sintonia com entidades do além de baixa frequência vibratória. Daí resulta que o alcoólatra nunca está sozinho, mas sempre acompanhado de companheiros e companheiras que desencarnaram com esse tipo de viciação.

O usuário do fumo, com o uso do cigarro, do charuto ou da cigarrilha, também fica exposto a uma série de problemas que dificilmente consegue detectar, porque iludido pelo prazer momentâneo das tragadas e julgando-se importante ao ostentar um cigarro entre os dedos; passam despercebidas para o viciado a atração do câncer, a obstrução das vias pulmonares, impedindo que a pessoa respire com facilidade, a falta de apetite, as tosses constantes, principalmente à noite, e os espasmos seguidos muitas vezes de golfadas de sangue, quando a enfermidade provocada pelo fumo já está em adiantado momento de tortura.

Os apelos governamentais colocados em propaganda, advertindo sobre o mal que o fumo provoca, ainda são tímidos diante dos convites intrigantes das novelas, filmes e outras formas de diversão, em que aparecem pessoas consideradas importantes na mídia fumando e bebendo abertamente, numa distonia total da moral e dos costumes que deveriam ser preservados. Tanto o álcool como o fumo são vendidos sem nenhuma proibição ou alerta, mesmo porque os impostos que recaem sobre essas duas drogas permitidas é altíssimo, chegando a atingir até 70% do valor total da garrafa de bebida ou do maço de cigarro. O uso do álcool e do fumo é tão antigo quanto o homem, e essas drogas ditas simples e com pouco efeito no organismo humano são facilmente obtida a partir da fermentação de sumos vegetais, pelas ação dos fungos e bactérias saprófitas, mas o que acontece na realidade é uma transformação de uma substância em outra.

A produção do álcool é obtida por meio da fermentação dos glicídios encontrados nas frutas, como a cana-de-

-açúcar e a uva; nos cereais como a cevada e o centeio, e em raízes como a mandioca, a beterraba e a batata. Por meio da fermentação são obtidos líquidos com alto teor de álcool, como o rum, o gim, o uísque e principalmente a cachaça. De um modo geral, o consumo do álcool pelo viciado é sempre compulsivo, levando-o a uma degradação moral visível, em que muitas vezes se expõe de uma forma grotesca, abobalhado e sem forças para caminhar ou se manter de pé, o que causa pena, mas principalmente tristeza, em se ver até que ponto pode chegar a miséria moral humana.

O tabaco como é mundialmente conhecido, é produzido com folhas vegetais, que depois de secas são também fermentadas em locais apropriados, para se obter o fumo, que quando original sem mistura, não ocasiona tanto mal quanto os cigarros e charutos, que na fabricação recebem outros ingredientes químicos, que tornam sua ação no organismo humano mais nefasta. Nos locais interiorizados, os chamados caipiras utilizam do fumo na sua originalidade, e quase não sentem os efeitos da droga, e muitos desses colonos ultrapassam os 90 anos de vida, sem sentir nenhum efeito pelo uso do tabaco. Tudo indica que o perigo maior esteja nas misturas que se faz na matéria-prima, tornando o vício do fumo tão perigoso quanto o álcool e das drogas proibidas.

O alcoolismo prejudica a vida particular dos indivíduos, influi nas atividades profissionais e familiares, mergulhando o viciado num profundo e devastador abismo, fazendo que os envolvidos com esse vício, aparentemente normal, se tornem dóceis e débeis escravos, subordinados muitas vezes a espíritos algozes, cruéis e torturadores, que no mais das vezes conduzem os viciados a uma morte prematura, em que o desencarnado chega ao outro lado da vida como suicida inconsciente, por ter lesado o corpo físico, esse instrumento maravilhoso doado por Deus à criatura humana.

É interessante lembrar que substâncias nefastas, como o álcool e o fumo, que tantos estragos fazem no organismo humano, possam ser vendidas abertamente, mesmo se sabendo que essas drogas ditas inocentes estragam o fígado, o estômago, a corrente sanguínea, além de afetar o psiquismo, acarretando a perda da autoestima, associada à falta de coragem para o trabalho, além de exibir, em grandes proporções, um comportamento antissocial, portando, às vezes, conduta agressiva que pode levar ao crime.

2

Entorpecentes proibidos por lei

"Nesse tempo muitos serão escandalizados e trair-se-ão uns aos outros, e uns aos outros se aborrecerão. E surgirão muitos falsos profetas, e enganarão a muitos." (*Mateus*, 24:10 e 11.)

"O arrependimento é inútil quando apenas produzido pelo sofrimento. O arrependimento profícuo tem por base a mágoa de haver ofendido a Deus, e importa no desejo ardente de uma reparação." (Allan Kardec. *O céu e o inferno*. 2ª parte, cap. IV. "Espíritos sofredores" p. 213.)

As drogas mais conhecidas proibidas por lei são a cocaína, a heroína, a morfina, o ópio, a maconha e o *crack*, sendo todas elas prejudiciais ao organismo humano, sendo, no entanto, utilizadas como produtos medicinais dentro dos limites das receitas médicas. Mas quando o usuário as utiliza aleatoriamente, com o fim exclusivo de aumentar a euforia, de se tornar elétrico, aceso, como dizem, ocorre a viciação pelo uso constante. Tanto a morfina, como a heroína, que é sua derivada, são drogas potentíssimas e de efeito devastador, pois atuam diretamente no perispírito, nas forças fluídicas que circulam no corpo físico, produzindo inicialmente um bem-estar temporário, para então depois provocar a melancolia e a tristeza.

A cocaína também produz um efeito de euforia no usuário, mas acaba por agir nas terminações nervosas que interligam o nosso duplo etéreo com o perispírito, causando transtornos que deságuam no corpo físico, deixando o usuário em estado de desânimo, cansaço, tristeza e melancolia. Com o tempo de uso indiscriminado, a cocaína pode levar o usuário ao óbito, principalmente quando ocorre uma *overdose*, o mesmo ocorrendo com a morfina e a heroína, mas mesmo que o usuário tenha uma vida longa, e isso é quase impossível, essas drogas produzem um comprometimento das forças vitais do corpo físico, diminuindo a qualidade de vida dos viciados.

O ópio é quase desconhecido no Brasil, como nos países da América do Sul, e isso é muito bom, porque se trata de uma droga de efeito arrasador, muito utilizado nos países do continente asiático, principalmente no Japão, China, Malásia, Vietnã, e algumas cidades que se tornaram conhecidas pelo uso do ópio, com Hong Kong e Xangai. O alto preço do ópio inviabiliza a sua entrada nos chamados países em desenvolvimento e na África.

A maconha e agora recentemente o *crack* são as drogas mais conhecidas na América do Sul, e em especial no Brasil, onde o plantio da maconha é quase que livre, porque não se vê nenhum esforço para frear o abastecimento dessa droga, que muitos dizem ser inocente, realizando-se até "marcha" para a sua liberação; no entanto, mesmo sem ter o efeito letal da cocaína e da heroína, a maconha é sempre a porta de entrada para o uso de drogas mais fortes, assim como o cigarro é a porta de entrada para o uso da maconha. Nos países em que a maconha foi liberada para o uso em locais fechados, não se obteve nenhum resultado positivo, ao contrário, aumentou o número de usuários e consequentemente o uso de viciados.

O *crack* que é um subproduto da cocaína, é a terrível novidade no mercado das drogas, pelo simples motivo de ser muito barato, custando uma pedrinha pouco mais de dois reais; e isso atrai jovens de todas as classes sociais, principalmente aqueles que vivem em bolsões de miséria, em desequilíbrio com a parentela familiar, sem uma estrutura religiosa, e que desejam fugir da vida, viajar, sair de cena como dizem; encontram no *crack*, esse deslumbramento temporário, mas fatal, que vicia com poucos dias de uso. Ultimamente tem se observado até crianças usando o *crack*, deixando as autoridades perplexas, sem saber o que fazer, e já está se aprovando uma lei no Congresso Nacional que prevê a internação compulsória do usuário,[3] principalmente se for menor de idade.

Quase sempre, quando tratamos do assunto drogas, verificamos na maior parte das pessoas uma inclinação para imaginar que uma ação malévola só ocorre em casos extremos, por maldade ou crueldade, mas podemos verificar que nos casos de indução às drogas isso pode se dar em condições normais, e até de forma imperceptível à observação das pessoas, principalmente nas festas de casamento, aniversário, término de curso em colégio ou

---

[3] N.E.: Quando a pessoa não quer se internar voluntariamente, pode-se recorrer à internação involuntária ou compulsória, definida pela Lei Federal de Psiquiatria (Nº 10.216, de 2001).

universidade, quando jovens incautos e sem estrutura religiosa ou espiritual se deixam levar pela atração do primeiro contato com os alucinógenos.

As viciações ligadas a todo tipo de drogas alucinógenas, causadoras de diversas patologias no organismo humano, além de ser um fator que desestrutura a parte física do ser humano, alcança também o psiquismo em sua organização mais íntima; e, quando o uso é contínuo e persistente, as drogas provocam não só desordem físicas, mas também espirituais, que se prolongam para depois da morte do corpo físico, sem falar nos distúrbios de ordem social, que impreterivelmente alcançam o círculo familiar, levando o desespero, a tristeza, a infelicidade, as famílias dos usuários de drogas.

Falando sobre entorpecentes de consumo proibido, está em escala menor as anfetaminas, que são utilizadas pelos viciados para aumentar a excitação, ou para prolongar os períodos de vigília física, atuando não só na parte física, como também na parte espiritual, atingindo as linhas de forças dos centros coronário, laríngeo, cerebral, cardíaco, genésico, esplênico, gástrico, deixando o usuário deprimido e triste na falta da droga, tornando-o um dependente compulsivo, ficando ele à mercê dos traficantes que se aproveitam da necessidade psicótica do viciado, para mantê-lo preso e escravo das drogas.

Logo no início da viciação pelo usuário, são utilizadas pequenas doses, que vão aumentando gradativamente, até que a dosagem inicial passa a não satisfazer mais o indivíduo, que necessita de doses cada vez mais fortes e intensas, a fim de que possa produzir os efeitos desejados, que é o de ficar excitado, alegre, fanfarrão, e muitos com uma coragem que não possuem; tudo somente na aparência, porque por dentro tudo está diluído, contaminado pelo uso dos entorpecentes.

Outro ponto importante a ressaltar é que o uso das drogas leva uma pessoa até então ética a mudar o comportamento, chegando a praticar pequenos furtos e apropriações indébitas, com a finalidade de sustentar a viciação; ou então vendendo objetos de sua própria casa, escondido de seus familiares, numa ação nefasta e egoística, em que pensa exclusivamente nele, nada importando o que aconteça com os outros. É muito comum filhos viciados que vendem as joias da própria mãe, sendo muitas vezes relíquias de família, que acompanham o grupo familiar há muitos anos, dando muito desgosto aos pais que, desesperados diante de um problema tão difícil, não sabem para quem apelar.

Nos dias de hoje, apareceram os chamados coquetéis, que é a união de vários tipos de drogas em comprimidos, como também a utilização do LSD, alucinógeno perigosíssimo, mas que pode ser comprado com muita facilidade com os traficantes, que recebem esse material explosivo que chega ao Brasil por via área, naval ou pelas fronteiras brasileiras que são extensas, e é praticamente impossível uma vigilância efetiva em uma área de vasta extensão.

As fronteiras mais perigosas para o Brasil são as da Colômbia, Paraguai e Venezuela, sendo que a Colômbia tem parte de sua economia com base na plantação e venda da cocaína, para outros países a finalidade é farmacêutica, mas parte desse produto é geralmente desviado, chegando às mãos dos traficantes e posteriormente dos viciados. Prender ou recolher viciados de todos os tipos é muito fácil; prender traficantes também não é difícil; o difícil é chegar na origem, na plantação, na fabricação, no refino e nos laboratórios e locais de produção em massa.

A heroína é uma droga poderosíssima e de efeito trágico para o usuário, que depois de viciado dificilmente retorna ao estado normal de vida, e quase sempre chega ao óbito, devido à ação mortífera desse produto, que é mais disseminado nos países asiáticos, como a China, o Japão, a Tailândia, e de uma forma mais amena nos Estados Unidos, na França e na Inglaterra. A heroína é derivada da morfina, uma substância de efeito psicótico e de largo uso na produção de produtos farmacêuticos, e, portanto, não pode ser descartada do cenário humano, devido à sua ação no alívio de dores atrozes provocadas por determinadas enfermidades. O efeito da heroína é devastador, pois chega mesmo a desligar as forças fluídicas e nervosas que mantêm o organismo físico em funcionamento, e embora produza uma certa sensação de bem-estar no início da dosagem, ela inibe as áreas do cérebro, causando euforia temporária, falta de fome e de prazer sexual.

A viciação na heroína verifica-se da mesma maneira que outras drogas, progressivamente, e às vezes estimuladas pelos próprios médicos dos pacientes, até que o viciado dessa droga por meio da inalação não sente mais o efeito desejado de "viajar", e passa então para a fase seguinte que é a aplicação de injeção desse produto químico, de efeitos catastróficos, e é quando o dependente já perdeu completamente o controle dos seus atos, e passa a viver exclusivamente para a droga, fazendo de tudo, rompendo com tudo, inclusive com o compromisso do emprego e com os familiares.

O uso da heroína pelo viciado atrai de imediato entidades inferiores, ou seja, espíritos que morreram envergando essa viciação, e que depois de mortos não vão para lugar nenhum, permanecem aqui na atmosfera da Terra, na busca de parcerias, e encontram em companheiros e companheiras, que imprudentemente entram em conluio com esses vampirizadores do espaço, uma troca incrível de emanações fluídicas deletérias, de grande prejuízo para as duas partes, numa simbiose que poderá perdurar por décadas e décadas sucessivas.

Na fase mais crítica da dependência química da heroína, os efeito danosos começam a aparecer, sejam as manifestação de tonteiras, arrepios, suores, vômitos e cefaleias, e nesse estágio a droga já afetou também o corpo espiritual (perispírito), nos seus centros de forças, entrando muitas vezes em simbiose fluídica com os chamados vampiros do espaço, que são espíritos trevosos, perversos, cruéis e vingativos, que certamente vão fazer de tudo para levar o viciado para o fundo do poço.

3

Cocaína, ópio e os efeitos sombrios dessas drogas

> "É da Lei Divina que a erva daninha nasça e cresça ao lado da boa planta, principalmente para quem está mais apegado aos valores transitórios das conquistas terrestres, interessados no poder financeiro e no comando das mentes, na exaltação permanente do próprio eu. Não estão preocupados com a evangelização das almas, e sim na garantia e supremacia do seu orgulho, da sua vaidade e de suas ambições." (Walter Barcelos. *Justiça e felicidade.* p. 139.)

O intercâmbio de substâncias alucinógenas, ou que provoquem dependência física, constitui atividade criminosa que abrange desde as etapas do plantio, do cultivo e da colheita, da elaboração, armazenação, comercialização, transporte e distribuição ao mercado consumidor, assim como aliciamento e posse de quantia acima do uso permitido, ficando o usuário ou traficante sujeito à prisão em flagrante, sendo conduzido à presença da autoridade judicial encarregada do processo penal.

É muito comum, em famílias com grande número de pessoas, avós, pais, mães, filhos e netos, se repartir a responsabilidade na criação e formação dos jovens, e é aí que mora o perigo, porque muitas vezes os avós, pais e até tios e irmãos, concedem aos adolescentes em formação privilégios que não são salutares para eles, como: presentes de todo o tipo, fora da data do aniversário ou do fim do ano no Natal; dinheiro vivo para que possam comprar o que quiserem, dando uma ideia errônea de que a vida é um mar de rosas, retirando da mente do jovem o esforço, o trabalho, tão necessários à vida diária. De posse de recursos que não evidenciou nenhum esforço para adquirir, o jovem passa a gastá-lo com supérfluos, incluindo aí a compra de drogas ou se entregando aos prazeres fugidios da vida terrena.

Muitas das drogas alucinógenas são substâncias conhecidas há milênios, extraídas dos vegetais, muito embora existam também radicais químicos de síntese laboratorial. De um modo sintético, as substâncias consideradas drogas de dependências podem ser definidas como: a maconha, o epadu e o peiote em forma de cigarros; a cocaína, extraída da planta da coca, e o *crack* como subproduto tóxico, são causas de acentuada dependência física. Da planta chamada papoula, pode-se extrair o ópio, a morfina e a heroína, e o LSD é um produto que sai da síntese laboratorial, muito utilizado em pesquisas científicas.

A cocaína e o ópio são rotulados como drogas de elite, com preços altíssimos, utilizadas por pessoas de classes altas, e por isso fora do alcance do homem comum, mas nem assim deixam de circular em ambientes comunitários, onde, devido ao fluxo intenso de gente, torna-se uma atração irresistível para os traficantes, que aceitam receber menos, desde que vendam muito. O ópio não é muito conhecido no Brasil e devemos dar graças a Deus por isso, porque se trata de uma droga potentíssima e que vicia com muita facilidade, pode levar à morte em espaço muito reduzido de anos, tendo um efeito mais devastador que o da cocaína.

A cocaína realiza o seu efeito destruidor nas terminações nervosas, que interligam o perispírito e o corpo físico, e seu efeito psicofísico no corpo feminino atinge o útero, provocando retardamento biológico de consequências imprevisíveis, e, quando utilizada na gravidez, ela é absorvida pelo líquido amniótico e pode afetar o desenvolvimento do feto.

O uso da cocaína por .determinado tempo compromete as ligações eletromagnéticas do perispírito com o corpo físico, porque na realidade o corpo espiritual (perispírito) é o modelador, organizador biológico do corpo somático, e qualquer alteração no corpo de carne afeta diretamente o corpo etéreo, que imprime marcas em sua estrutura eletromagnética, que se não forem sanadas na vida atual, para o outro lado da vida, poderá permanecer até uma nova reencarnação, quando certamente trará em forma de inibições físicas as marcas provocadas pelo uso de drogas.

Mesmo que o uso da cocaína ou do ópio não causem uma desencarnação prematura, a ação trevosa dessas duas drogas de alto teor venenoso comprometem as energias vitais que circulam no organismo humano, diminuindo em muito a qualidade de vida, fazendo com que o viciado viva sempre em sobressaltos, desconfiando de todos, solitário, vazio, sem nenhuma perspectiva de solução para esse problema. A ação nefasta da viciação atrai entidades inferiores, que morreram com essas tendências negativas, e que depois da morte não vão para lugar nenhum, ficam aqui na atmosfera da Terra, na procura de parcerias, e as encontram naqueles que se refestelam nas libações das drogas.

No Brasil, a disseminação maior da cocaína está nos meios artísticos, nos quais o poder aquisitivo é maior que a craveira comum, acrescendo o fato de que muitos artistas, no anseio de decorar textos longos de filmes, peças teatrais e novelas, deixam-se levar pela ideia de que necessitam de drogas, a fim de permanecerem acesos, enquanto repassam os textos, muitas vezes contendo até vinte páginas. O início nessa atividade, com fins de aumentar a capacidade de captar os textos, torna-se um hábito e em pouco tempo a viciação começa, e aí não se consegue fazer absolutamente nada, se não se drogar mais.

Vários artistas de filmes e novelas brasileiras já se envolveram com drogas, e perdemos uma de nossas maiores cantoras pelo uso de drogas, deixando a vida física ainda jovem e cheia de vida, morrendo nos Estados Unidos por meio de uma *overdose*, chegou-se à conclusão de que ela foi induzida ao vício por pessoas que se diziam suas amigas, o mesmo acontecendo com o cantor *pop* norte-americano que era envenenado por drogas pelo seu próprio médico.

Precisamos ter muito cuidado com as pessoas com quem nos relacionamos, que muitas vezes se dizem amigas, mas no fundo querem o nosso mal, principalmente se estamos fazendo sucesso e ganhando muito dinheiro, como acontece com astros de futebol, cinema, teatro, jornalismo e política, que são os mais visados pelos traficantes, que por incrível que pareça não estão apenas nas favelas, mas em se tratando de drogas especiais como a cocaína e o ópio, estão em hotéis de luxo, em mansões e casas de veraneio, geralmente pagas pelos viciados de poder aquisitivo alto, e que não se negam em pagar o que eles pedem, porque o pagamento não é só pela droga, mas principalmente pelo silêncio, para não levar a público essas mazelas que afetam a vida desses dependentes de drogas.

4

Drogas populares: o *crack* e a maconha

> "Os aproveitadores da fé querem a todo custo manter o seu poder horizontal nas mentes infantis e corações frágeis, por meio da atuação de suas forças humanas, faculdades psíquicas, poder intelectual, patrimônio imobiliário, riqueza amoedada, ideologias fantasiosas e peso de propaganda enganosa." (Walter Barcelos. *Justiça e felicidade*. p. 41.)

Os alucinógenos, de um modo geral, levam o usuário a um processo de desvitalização das energias físicas, com típicas apresentações de fuga à realidade da vida, e neste mecanismo de depressão e ausência da realidade dos compromissos normais do cotidiano surgem as chamadas viagens "astrais", que dão prazer temporário e acomodação psíquica, para logo a seguir surgirem os sonhos e pesadelos, muitos desses êxtases fugidios se confundem com experiências espirituais primárias e de baixa vibração, que deixam os usuários deprimidos e ausentes dos compromissos que todos nós temos com a vida de relação, começando dentro dos próprios lares.

De todas as drogas que são usadas para viciação no Brasil, a mais conhecida é a maconha, como também é a de maior consumo, talvez porque seja a mais barata entre as outras, como a cocaína, o ópio, a heroína e os alucinógenos vendidos em forma de comprimidos; e ainda porque divulga-se com muita frequência pela mídia que a maconha é inofensiva, não faz mal nenhum, e que poderia mesmo ser liberada. E existem até movimentos públicos nesse sentido, ou seja, na descriminalização da maconha, liberando-a para ser usada em locais fechados ou ambientes domésticos, sob a responsabilidade dos próprios consumidores.

Muitos países da Europa já adotaram a prática da descriminalização da maconha, ficando fácil o acesso pelos jovens e adultos, principalmente nos meios universitários, onde o consumo de drogas é mais intenso, em face da aglomeração de centenas de estudantes, com todos querendo atingir os objetivos de elevação intelectual. Muitos acham que necessitam de estímulos, de excitação para permanecer acesos enquanto estudam, principalmente à noite, em vésperas de provas difíceis do currículo universitário.

Nos países em que a maconha foi descriminalizada, ou seja, não constituindo mais crime o seu uso, não se notou nenhum avanço no sentido de minimizar os efeitos nocivos dessa droga que muitos filósofos de ocasião dizem ser inocente; ao contrário, aumentou consideravelmente o número de viciados e de internações de usuários, como aumentou também o número de óbitos decorrentes do uso das drogas. Outro detalhe interessante a observar é que a maconha serve de início para o uso de drogas mais pesadas e de maior efeito fatal para o viciado; hoje já se sabe que quase todo viciado em cocaína, heroína ou ópio já passou pelo estágio da maconha.

Do mesmo ponto de vista, quase todo viciado em maconha já passou pelo estágio do cigarro, sendo importante ressaltar que o hábito do fumo é uma porta aberta para todo tipo de viciação, e quase ninguém nota isso. O fumo passa despercebido por pais que permitem que seus filhos ainda no início da juventude fumem, achando bonito, elegante e até bem aceita socialmente, essa prática tão nociva ao organismo físico, tanto quanto a maconha e outras drogas proibidas. O viciado no fumo, depois de muito tempo alimentando o organismo com o veneno do tabaco, passa a sentir novas necessidades no campo psíquico, que o cigarro não pode mais oferecer, partindo então primeiro para o uso da maconha, para em seguida se entregar ao uso da cocaína, da heroína e de outros alucinógenos de venda fácil pelos traficantes.

A sorte dos viciados em maconha é que ela dificilmente é vendida na sua pureza; estando sempre misturada com plantas que tem semelhanças nos aspectos morfológicos, mas que não acrescentam nada nos efeitos que ela produz, e isso reduz em muito a sua atuação no campo psíquico do usuário, mas certamente aumenta o lucro do traficante. O uso por muito tempo da maconha produz os seguintes efeitos no organismo humano: aumento de frequência cardíaca, congestão das conjuntivas, secura na boca, falta de apetite, sonolência diária, cólicas renais. Altera também o comportamento do usuário, a saber: euforia exagerada, risos despropositados, gracejos, zombarias, perda de inibição ao falar, exibicionismo em público etc.

Os usuários da maconha ainda apresentam características que definem o estado mórbido em que se encontram:

a) mudança brusca de conduta diante dos outros;

b) irritação constante por qualquer motivo; impaciência constante, mostrando-se inquieto, irritadiço, agressivo e violento em determinadas ocasiões;

c) depressões, estado de angústia sem motivo aparente;

d) queda no aproveitamento escolar, acompanhado às vezes por desistência dos estudos;

e) isolamento. O usuário da droga recusa-se muitas vezes a abandonar o recinto fechado onde se encontra;

f) mudança de hábitos. Passa às vezes à dormir muito de dia, e passa a ouvir música em tom alto, sem se preocupar se está incomodando os outros;

g) passa a vender objetos de valor da casa, a fim de sustentar o vício;

h) passa a ter companhias estranhas aos familiares, especialmente pessoas de má índole;

i) geralmente é encontrado entre os pertences do viciado cigarros de maconha, seringas e outros artefatos relativos ao uso de drogas.

O *crack*, é a mais nova droga que apareceu no cenário da vida dos brasileiros, e está fazendo um estrago terrível, principalmente entre crianças e jovens, que se entregaram de corpo e alma a essa droga. Ele tem um preço convidativo, porque, segundo informações, até com dois reais pode-se comprar uma pequena pedra de *crack*, que produz efeitos imediatos, deixando esses pequenos viciados abobalhados, sem rumo, vagando de um lado para o outro, procurando pelo chão "guimbas" de cigarros já utilizados pelos fumantes, numa atitude não só ridícula como também anti-higiênica.

Nos dias de hoje, os viciados no *crack* já são milhares, principalmente nas comunidades mais pobres, onde existem bolsões de usuários, que passam a noite ao relento, maltrapilhos e sujos, devido à falta de interesse em voltar para as suas casas, e é muito comum vermos mães desesperadas, carregando pedaços de pau nas mãos, tentando levar de volta para o lar, essas crianças e esses jovens, infectados por essa droga maldita. Os viciados no *crack* procuram locais baldios ou terrenos desocupados, de preferência onde passam poucas pessoas, para que possam ficar à vontade, e ali formam grandes aglomerações, que se identificam com os mesmos propósitos de envenenamento da droga, utilizam inclusive as linhas de trem ou do metrô, correndo grande risco de morte, com a passagem de dez em dez minutos dos carros da linha férrea.

Um detalhe intrigante a respeito dessa droga desmoralizante da juventude, e que desafia as autoridades brasileiras, é que se fala muito no recolhimento das crianças e jovens infectados pelo *crack*. Fala-se muito também na prisão de traficantes e atravessadores da droga, mas até agora ninguém falou na origem, no fabrico da droga. Onde estariam os laboratórios que colocam nas ruas, becos e avenidas, toneladas dessa pedra maldita? Droga que vem infernizando a vida de crianças e adolescentes, numa fúria incontrolável, chamando a atenção até de autoridades estrangeiras, que já disseram que se o Brasil não extinguir o *crack*, toda a nossa juventude do século XXI estará seriamente comprometida. É necessário que sejam colocados investigadores nas ruas, vasculhando oficinas mecânicas, padaria, lavanderia, serrarias, fábricas de roupas, e outras pequenas empresas, a fim de detectar e descobrir onde está sendo fabricada essa droga terrível, que já chegou ao campo, invadindo canaviais e cafezais, retirando a pureza do homem do campo e diminuindo a sua capacidade de trabalho, num avanço avassalador sobre a nossa juventude, sem que se tenha feito absolutamente nada para frear essa avalanche que atropela a sociedade brasileira.

5

A automedicação atua como aliada das drogas

"Poucas criaturas, quando na vida física, acreditam com certeza e convicção que a nossa mente é geradora de energias criativas, que determinam nossa vida íntima e nosso destino. Somos herdeiros de nossas próprias criações mentais. Pensar é criar no campo mental. Esquecemos que todas as criações menos dignas que elaboramos em nosso campo psíquico permanecem conosco por tempo indeterminado, enquanto as causas desses fitos nocivos não são eliminadas." (Walter Barcelos. *Justiça e felicidade.* p. 154.)

Outro detalhe interessante a respeito do assunto drogas é que a chamada automedicação, ou seja, quem se medica por conta própria, sem o controle dos médicos, corre grande risco de se aventurar no mundo das drogas, principalmente se o remédio utilizado tiver componentes químicos que possam causar dependência física; sendo, portanto, de bom alvitre, que toda a medicação utilizada por qualquer pessoa tenha sido aviada pelo profissional da medicina. Muitos tipos de medicamentos utilizados nos hospitais pelos próprios médicos, para aliviar dores fortíssimas, com o decorrer do tempo, podem também viciar, e exatamente por isso são controlados pelos órgãos de vigilância sanitária.

A situação de dependência física e psíquica das drogas, sejam elas proibidas ou não, levam impreterivelmente a outros distúrbios no campo físico ou espiritual, que irão se mostrar como deletérios reflexos no campo cerebral. Os transtornos psiquiátricos passam a ser uma constante, podendo daí atingir a própria mente imortal, provocando retardo e até reflexos na área genética. Contaminando o campo físico, a zona sexual também será atingida, que no início mostrará uma intensa hiperatividade, podendo refletir em sintomas de impotência e frigidez, enfim, são muitas as distonias físicas e mentais que podem surgir no organismo físico e espiritual a partir do uso de alucinógenos, sejam eles de venda proibida ou não.

O espírito Emmanuel, no seu livro *Fonte viva*, psicografado por Francisco Cândido Xavier, falando a respeito da saúde física e espiritual do homem terreno diz o seguinte: "O comprimido ajuda, a injeção melhora, mas os verdadeiros males partem do coração," numa declaração cabal e completa de que podemos utilizar todo o tipo de medicamento para as nossas dores e sofrimentos, porque isso faz parte da nossa vida física, mas se não estruturarmos uma vida espiritual ativa, dificilmente seremos curados em definitivo de nossas enfermidades físicas e mentais. Enquanto não tivermos um coração amoroso, compassivo, solidário, compartilhado e preocupado com a dor alheia, não seremos felizes nem aqui, e nem quando atravessarmos as águas enigmáticas do rio da morte.

Os chamados constantes feitos por meio dos jornais escritos, dos programas televisivos, dos programas de rádio, conclamando as pessoas para a compra de remédios sem receita médica, levam milhares de pessoas a buscar nessa atração quase que irresistível o lenitivo para qualquer mal que estejam sofrendo, ou ainda, algum tipo de desconforto, sem atentar que podem estar ingerindo algum medicamento contrário ao seu organismo físico, criando muitas vezes o hábito do receituário avulso, em que o indivíduo se acostuma com essa prática na ânsia de encontrar alguma coisa que possa viabilizar o equilíbrio do seu estado físico, mental e espiritual.

Muitas vezes não queremos entrar em contato com a nossa natureza íntima; temos medo do que vamos encontrar nos refolhos da nossa consciência imortal, e preferimos imitar a avestruz, enterrando a cabeça na areia até a tempestade passar, mas a nossa realidade é outra, precisamos enfrentar os problemas de frente, sem medo, com coragem, fé e determinação, porque o uso de drogas, com poucas exceções, parte sempre de uma mente fraca, débil, que não se esforça por superar-se, ficando sempre dependente de alguma coisa, ou de alguma pessoa, gerando intimamente um estado de deprimência, que certamente leva ao encontro das drogas, que inicialmente dá ao viciado uma espécie de euforia, para logo depois cobrar um preço muito alto, difícil de se pagar.

A atração dos jovens pelas drogas é até certo ponto natural, porque é uma fase de crescimento, na qual estão descobrindo um mundo novo, cheio de atrações e perigos, que eles terão obrigatoriamente que enfrentar, e na realidade todos querem fazer o melhor para agradar os pais, os amigos, a namorada, os professores, enfim, existe por parte dos jovens um interesse muito grande em superar seus próprios pais, em realizar feitos ainda inéditos, e para isso precisam de audácia, coragem e corpo físico adequado, e é por isso que a maioria dos jovens frequentam academias, onde procuram meios de fortalecer o corpo físico, esquecendo de que o importante é fortalecer a mente.

Nessas academias de ginástica que proliferam nas grandes cidades estão aglomerados centenas de jovens que procuram a beleza física, um corpo sarado que possa impressionar os outros, e, para chegar ao desiderato que muitos procuram, passam a tomar comprimidos para aumentar os bíceps, a musculatura do peito, e muitos desses remédios são proibidos por lei, porque as autoridades sanitárias detectaram perigo para o organismo humano. Acrescentamos o fato de que muitas dessas chamadas "bombas" são utilizadas em animais, sendo muito forte para o corpo físico dos jovens, que, depois do uso indiscriminado desses comprimidos, passam para um estágio aparentemente inocente do uso das drogas, que também prolifera em academias e outros locais de reunião massiva de jovens despreparados espiritualmente.

Os clubes sociais são também responsáveis pela preservação da saúde de nossos jovens, proibindo o consumo de cigarros e bebida alcoólica no interior de suas repartições. Mas isso é quase impossível de ser feito, porque o que importa para os dirigentes, não só de clubes de lazer como de academias e parques de diversão, é o lucro, e alegam que não podem desistir do lucro, que como dizem eles é o que movimenta tudo. Por outro lado, as autoridades só tomam conhecimento de alguma coisa que está sendo nociva à sociedade, e principalmente aos jovens, quando a situação já está incontrolável, como está acontecendo com o *crack*, que chegou a um ponto crítico. Só mesmo um esforço hercúleo das autoridades governamentais e da sociedade para debelar essa epidemia que se abateu sobre nossas crianças e jovens de idade até dezoito anos.

Em síntese, todo ser humano necessita de prazer, de satisfação. Se o prazer não existisse em todas as áreas da movimentação humana, a vida seria uma lástima, e até mesmo o prazer do sexo que muitas pessoas condenam é necessário, e se ele não existisse a Terra estaria vazia, porque ninguém ia querer praticar o sexo; e é esse interesse maior pelo prazer, pela satisfação rápida e enlouquecida, que leva o jovem ao encontro das drogas, pelo fato comum de ser desinformado a respeito do perigo que corre; perigo esse, que só descobre quando já é tarde demais, e até mesmo o companheiro que geralmente o encaminha para as drogas não o adverte, porque existe também um desejo íntimo do viciado em fazer mais viciados, a fim de que tenha parcerias no nefando hábito das drogas. No mundo das drogas, a amizade sincera é desconhecida, porque cada um cuida exclusivamente de si, e as traições são constantes, principalmente em casos de assassinatos, daqueles que contrariam os interesses nefandos da organização do tráfico de drogas.

6

A influência perniciosa dos traficantes

> "Criamos no nosso mundo íntimo o Céu ou o Inferno; o jardim florido ou o incêndio devastador, dentro dos quais temos que viver de forma serena ou atormentada. As Leis excelsas do Pai Criador determinam que a responsabilidade individual do espírito é coisa sagrada para ele mesmo. Depois da busca e escolha, criação e emissão, obtemos o resultados exato em nosso destino, muito especialmente no altar de nossa consciência imortal." (Walter Barcelos. *Justiça e felicidade*. p. 156.)

A adoção de um jovem, ou mesmo de um adulto pelos traficantes, conta muitas vezes com a participação involuntária de pais dispersivos e descuidados do seu dever, que deixam que seus filhos sejam acompanhados por pessoas desconhecidas, de quem não conhecem tendências ou hábitos, ou até mesmo que sejam introduzidos dentro do próprio lar, sem fazer uma leitura da vida dessas pessoas, que muitas vezes seus filhos conheceram nos bares, nas boates, ou no bailes sombrios da madrugada. É preciso também ter muito cuidado com as festinhas que são realizadas no próprio lar, evitando bebidas alcoólicas e a prática fumo, como também o uso de comprimidos de estímulos à alegria. Qualquer falha por parte dos pais de uma criança ou jovem pode dar motivos para que os aliciadores possam se apresentar como salvadores da pátria e iniciar um processo de recrutamento para o mundo das drogas. Nada começa de uma hora para outra, e o processo de aliciação é lento, mas os traficantes são pacientes, esperam a hora certa para atacar, de preferência quando notam nos jovens características de abatimento, de decepção, de revolta, de insatisfação, de melancolia e de tristeza.

Em quase todos os casos de envolvimento com drogas pelos jovens os pais geralmente são os últimos a saber, o que deixa ainda mais consternados os responsáveis pela vida desses jovens, que se atiram desvairadamente na direção desse perigo real que são as drogas, mas em parte cabe também aos pais e familiares uma dose de culpa na adoção exercitada por traficantes ou más companhias, porque nada começa de uma hora para outra. Em quase todos os casos de iniciação no consumo de drogas, ocorrem primeiro os convites, que podem partir de um amigo que já está contaminado durante uma festinha de aniversário ou casamento, em clubes ou casas que são alugadas para eventos, nas chamadas reuniões de jovens nos espetáculos de *rock*, nas danceterias, nas boates e até nos bares e botequins, principalmente em locais isolados, como casas de veraneio e fazendas.

É sumamente importante que os pais, e todos os membros da parentela familiar, fiquem atentos para os primeiros sinais de viciação, fiscalizando em segredo a vida dos jovens, como, por exemplo, observar quem são as companhias que eles têm; identificar nos amigos dos filhos tendências éticas, como a bondade, a serenidade, a paciência, a mansuetude, e principalmente se não são portadores de vícios, como o fumo, e o álcool, e a partir daí traçar um perfil dos amigos mais íntimos dos filhos.

A adoção dessas medidas de segurança pode parecer muito careta para muitas pessoas, principalmente para os filhos, mas quando é feita discretamente quase não é notada, e depende muito também como se aborda e executa esse plano. Outro ponto importante para o controle da vida social dos filhos é saber que locais eles frequentam, com quem eles andam, o endereço e telefone dos amigos que forem apresentados, sem que isso possa constituir uma intromissão indébita na vida deles. É muito triste ver uma mãe ou um pai debruçado em cima do filho assassinado dizer o seguinte: "Ele nunca dizia aonde ia, nem com quem andava, nunca deu satisfação de nada."

É preciso evitar que os jovens participem das chamadas baladas das noites, dos bailes *funk*, que constituem outra ameaça terrível para os jovens, porque atrás de uma diversão certa e barata está sempre o interesse dos traficantes. É tão real que, em determinados Clubes da zona Norte, e até da zona Sul, a entrada para os bailes normais é de trinta reais, mas quando o baile é de *funk*, o preço baixa para um real, e a lata de cerveja que em dias normais custava dois reais, baixa para um real, tornando o evento super atrativo, e isso sem falar que as moças e meninas entram de graça, por algum motivo que poucas pessoas conhecem.

O ingresso nesses clubes praticamente gratuito se justifica porque o interesse maior não é vender a entrada ou a bebida, mas os entorpecentes de todos os tipos que rolam nesses bailes trevosos da madrugada, com danças sensuais e músicas cujas letras têm duplo sentido, e sempre acompanhadas pelos rebolados de mocinhas, muitas delas de menor idade, que inconscientemente perdem a virgindade com parceiros que nem mesmo conhecem. É nesses bailes sombrios, que alguns políticos querem tornar festa oficial, que ocorrem a engravidação de meninas de pouco mais de doze anos, tornando-se mães, sem terem aprendido a ser filhas.

O uso de alucinógenos pelos nossos filhos deve ser entendido como uma doença física e espiritual, que deve ser tratada com carinho, compreensão e respeito, sem ferir a suscetibilidade dos jovens, que quando estão nesta situação de dependentes de tóxicos se tornam arredios, de difícil acesso para conversação. Nesses casos, o ideal é utilizar-se de uma terceira pessoa da confiança do jovem para fazer a abordagem; e caberá a esse amigo ou amiga do viciado a missão de conscientizá-lo a respeito do perigo que está correndo, e da mortificação que está causando aos pais. Dirá também que seus pais farão de tudo o que for possível para ajudá-lo nessa empreitada tão difícil, mas que se todos derem as mãos fica mais fácil, e poderão chegar a um final feliz. A melhor terapia para evitar ou combater o uso de drogas ainda é a familiar, ou seja, aquela que conta com a participação de toda a parentela familiar envolvida com o usuário, numa espécie de mutirão, em que todos trabalham no sentido de ajudar a pessoa envolvida, cercando-a de carinho, afeição, compreensão e amor.

A abordagem do dependente de droga, seja ela qual for, deverá abranger duas vertentes: uma física e outra espiritual, porque o que se sabe nos dias de hoje, confirmado por psicólogos, médicos, psiquiatras e sociólogos, é que as drogas não afetam apenas o corpo físico, mas também os escaninhos secretos da mente, atrofiando as propriedades do corpo espiritual (perispírito), estabelecendo lesões que se estratificam com o uso constante de drogas, e que não podem ser combatidas apenas com a medicina comum, necessitando de recursos espirituais, como o passe magnético, a água fluidificada, o silêncio, o recolhimento, a desobsessão realizada em casas espíritas, e, principalmente, o Culto no Lar.

A prática do Culto no Lar age como desintegrador antisséptico, limpando os miasmas pestilentos deixados pelas drogas, realizando uma faxina caseira que beneficia o usuário das drogas, mas principalmente os donos do Lar, dando-lhes força para continuar a luta para libertar o filho dos grilhões dos entorpecentes. O tratamento por meio da desobsessão tem a finalidade de afastar os espíritos inferiores que certamente estão sempre ao lado de quem se compromete com as drogas, orientando-os a respeito da responsabilidade diante de Deus, facilitando assim o tratamento, porque sem resolver a parte espiritual, é quase que impossível sanar qualquer coisa no campo físico. Tanto o tratamento espiritual nas casas espíritas, assim como o tratamento caseiro por meio da prece, do silêncio, do recolhimento e do Culto no Lar, necessitam da vontade do usuário em se afastar dos vícios, sem o que tudo será praticamente inútil.

7

Busquem antes o Reino de Deus

> "As conquistas do espírito são muito importantes, porque, depois da morte, será delas que faremos uso intensamente. Seremos pobres ou ricos dos tesouros do espírito, dependendo do tempo dedicado ao aprendizado e prática dos valores morais e espirituais, estudando a Doutrina espírita e vivendo com sinceridade os ensinos libertadores de Jesus Cristo." (Walter Barcelos. *Justiça e felicidade*. p. 157.)

Infelizmente, nos dias de hoje, os pais se preocupam muito mais em dar aos filhos uma segurança de bens materiais do que uma estrutura religiosa e espiritual que possa acompanhar o jovem vida afora, advertindo-o dos perigos que rondam a juventude, como é o caso das drogas, que podem contaminar qualquer pessoa, mas de um modo geral a droga busca quem já tem dentro de si predominância para vícios, desejos e paixões. Filhos criados sob a vigilância constante dos pais, com exemplos dignificantes dentro da parentela familiar, dificilmente se arriscarão na aventura das drogas, porque sabem do perigo a que se arriscam, e também não desejam proporcionar desgosto aos seus familiares. A chamada busca do Reino de Deus, como muito bem apregoou Jesus, é fator preponderante na conquista do equilíbrio que todos nós necessitamos, porque a avidez pela posse dos bens materiais nos leva muitas vezes a procurar prazeres que denigrem a figura humana e comprometem a nossa vida aqui na Terra.

É missão dos pais passar para os filhos uma educação espiritual básica, mesmo porque depois de adultos cada um segue o seu rumo, mas o que foi ensinado pelos pais, e principalmente o que foi deixado como exemplo não se perde nunca, e mesmo que demore algum tempo para aflorar, chega uma hora em que o jovem se lembra com nitidez dos conselhos, das admoestações e dos avisos sobre os perigos que a vida física apresenta, dando condições para que o jovem possa seguir uma linha de conduta de acordo com os padrões ensinados pelos pais, mas se não tiver aprendido nada, por negligência dos pais e dos membros da parentela familiar, fica muito difícil para qualquer jovem, que estiver usando qualquer tipo de droga, encontrar o caminho da libertação.

Preparando os filhos para viver, e também para morrer, porque a morte também exige educação, os conselhos dos pais desenvolvem nas mentes embrionárias dos filhos conceitos de responsabilidade e respeito aos semelhantes, ensinam a não invadir fronteiras alheias, a ter comportamentos desejáveis ao seu bem-estar e de todos com quem se comunica, a buscar sempre a felicidade por meio do trabalho, a não se entregar à preguiça, à inércia, à melancolia, ao desânimo e nem à tristeza. Ensina ainda que tudo na Terra é temporário, fugidio e de efetiva transformação, sendo portanto de bom alvitre não se apegar demasiadamente a nada, porque nada podemos levar para o outro lado da vida.

Um jovem educado moralmente dificilmente andará com más companhias, nem se envolverá com elementos ligados ao tráfico de drogas, como também estará afastado do vício do álcool e do fumo, que são portas de entrada para as drogas. O jovem procurará sua felicidade nos livros, nas diversões sadias, porque já conhece os perigos das ilusões representadas por qualquer tipo de alucinógenos, sejam eles de composição vegetal ou química, afastando-se de lugares onde proliferam o barulho, a gritaria, a balbúrdia, o êxtase provocado pelo uso de bebidas alcoólicas ou drogas de qualquer tipo. O jovem esclarecido pelos pais e professores geralmente se entrega aos estudos, porque sabe que seu futuro está no trabalho e nos estudos, na constituição de uma família, com a qual certamente terá filhos e netos, exatamente como aconteceu com seus pais.

Sem essa estrutura espiritual, que começa dentro dos próprios lares, as forças do mal e da ignorância se multiplicam de forma vertiginosa por todos os lados, inclusive o uso de entorpecentes pelos jovens, fazendo com que cresça a violência e a criminalidade, a perversidade e a desonestidade, os maus costumes e as ambições por prazeres cada vez mais exacerbados, até mesmo o vício do sexo, que também grassa no mundo das drogas; a liberdade sem limites que ultrapassa as fronteiras alheias; invasão de privacidade e paixões que denigrem a criatura humana.

Os jovens que conseguiram desenvolver uma moral ética, passada pelos pais, avós e outros membros da parentela familiar, caminham tranquilos na direção do futuro que os espera, não sentem aquela pressa de conseguir tudo de uma hora para outra, mas sabem esperar com paciência o resultado do trabalho que estão desenvolvendo, sem se entregar aos abusos nefastos que acompanham a maioria dos jovens despreparados para a vida, e que pensam que devem gozar o máximo possível em uma hora ou num dia, sem se preocupar, pois muitas vezes uma hora de prazer pode trazer anos e anos de dor e sofrimento.

Quando os ensinamentos do Evangelho de Jesus e da Doutrina Espírita conseguem penetrar no coração do jovem que seguiu a orientação dos pais, o mal, a descrença, as imperfeições morais, e o materialismo dominador comandado pelas drogas baterão em retirada, saindo dos pensamentos e sentimentos dos costumes e ações humanas. Muitas vezes, esse processo de ensino e orientação pode levar vários anos, mas os pais que são os responsáveis diretos pelos filhos não podem desanimar e devem continuar tentando por todos os meios convencer os filhos de que vale a pena ser bom, e não importa a idade que tenham, pois até mesmo depois de casados e terem se tornado pais, necessitam dos conselhos dos pais.

Muitos desses espíritos envolvidos com drogas são entidades espirituais que passaram por essa experiência em outras vidas e voltam com a missão de extirpar em definitivo esse mal crônico, mas essa não é uma tarefa fácil para ninguém, daí a necessidade de ajuda externa, porque sem ajuda externa, de pais, de amigos, de médicos, psicólogos e assistentes sociais, dificilmente o viciado deixa as drogas. Curar viciados em drogas é uma tarefa hercúlea, que exige paciência, serenidade, sabedoria, mansuetude, compaixão, caridade, bondade, renúncia, e principalmente muito amor. Só o amor tem a capacidade de curar em definitivo um usuário de drogas.

A erva daninha das drogas que vicia os despreparados espiritualmente cresce e se alastra entre os homens, por falta principalmente de uma religiosidade forte, voltada para Jesus; suas palavras de amor ainda ressoam em nossos ouvidos: "Vinde a mim todos aqueles que estão cansados e oprimidos e eu os aliviarei." Venha para mim que sou manso, meu fardo é leve e meu jugo é suave...

O dependente de drogas é por excelência um cansado da vida, que, ao procurar a fuga dos seus compromissos utilizando-se de entorpecentes, encontra a servidão, o jugo, a dependência, as algemas do mal, que só Jesus pode quebrar. O Apóstolo Paulo diz em uma de suas Cartas o seguinte: "Aquele que segue o Cristo de perto, nova criatura é", mas seguir de perto não é uma tarefa fácil, porque de longe todos seguem, como acontece com criminosos desalmados, que ostentam o crucifixo de Jesus nos cordões e pulseiras, mas no entanto tiram a vida dos seus semelhantes sem nenhuma comiseração.

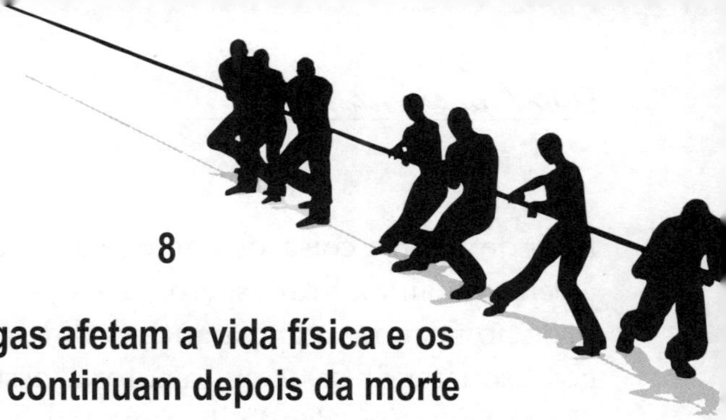

8

As drogas afetam a vida física e os dramas continuam depois da morte

> "Não acontecendo a queda espetacular por suicídio por meio das drogas, este se dá por processo indireto, graças à sobrecarga destrutiva que o viciado carrega sobre o corpo físico. E quando vem a desencarnação, o que é também doloroso, não cessa a compulsão viciosa, nascendo dramas imprevisíveis do outro lado do túmulo, em que o espírito irresponsável constata que a morte não resolveu os problemas nem aniquilou a vida..." (Joanna de Ângelis/Divaldo P. Franco. *Após a tempestade*. 8 ed. p. 49.)

Em qualquer circunstância da vida, e em qualquer tipo de problema, a prevenção deve vir em primeiro lugar, e essa premissa deve ser a tônica dentro dos lares com relação aos jovens, acompanhando diuturnamente seus passos, conhecendo seus hábitos, tendências e pendores; conhecendo seus amigos e pessoas mais íntimas, com a finalidade exclusiva de não se surpreender de uma hora para a outra com a notícia que geralmente vem por parte de pessoas estranhas, que o filho, o neto ou o irmão está fazendo uso de drogas.

Se os viciados em qualquer tipo de drogas soubessem o mal que estão causando aos seus familiares..., porque na realidade o usuário de drogas, cocaína, heroína, maconha e outras, escolhe esse caminho porque está querendo fugir de alguma coisa, ou então se desligar, como dizem os jovens, ou ainda ficar esperto, aceso, e mostrar superioridade no falar, no agir, garantindo liderança entre os amigos, esquecendo-se de que a euforia, assim como o prazer são temporários, dando-lhe uma fantasia que logo vai se desfazer e só funciona enquanto a ação alucinógena faz o viciado ficar numa boa como dizem. Logo o efeito vai diminuindo e o usuário entra numa depressão horrorosa, que o fará consumir cada vez mais drogas, e fica eufórico, se excita e parece feliz, para logo em seguida entrar num estado melancólico de apatia e depressão, sendo obrigado a renovar a carga alucinógena e começar tudo de novo.

As tragédias envolvendo viciados em drogas não poupam ninguém, e vão desde as pessoas paupérrimas que nem dinheiro têm para sustentar o vício, até os ricos que moram em mansões, e que também passam por esses estágios dolorosos das drogas, e nesses casos são mandados para se curarem em países do primeiro mundo, onde existem clínicas especializadas em recuperação de drogados, cobrando verdadeiras fortunas no tratamento dos viciados. Muitos desses artistas de cinema, rádio, televisão, jogadores de futebol, handebol, basquete, vôlei, cantores famosos, passam por essas instituições de fama internacional, e voltam aos seus afazeres alegres e felizes, mas a felicidade dura muito pouco, porque a maioria deles voltam a se envolver com drogas, e muitos deles, depois de ingerir a chamada *overdose*, encontram a morte.

Voltamos a afirmar que a melhor blindagem do homem terreno ainda é a interior, e por isso Jesus afirmou em seu Evangelho de Amor: “O Reino de Deus está dentro de você", advertindo-nos que se não conquistarmos o nosso íntimo, certamente não teremos conquistado nada.

Quem assistiu o filme "Nosso Lar", que conta a história do espírito André Luiz, tomou conhecimento que ele chegou ao mundo espiritual na condição de suicida indireto, ou seja, morreu aos poucos antes da hora em razão dos excessos da comida e da bebida, e o mesmo acontece com os usuários de drogas, só que com muito mais intensidade, porque o consumo de entorpecentes mina todas as forças do corpo físico, afetando de imediato o corpo espiritual (perispírito), que é o modelador do corpo somático, que lhe sofre a influência, fazendo com que no outro lado da vida o viciado continue necessitando das libações narcóticas, o que faz que sua vida no além se torne um inferno, pela impossibilidade de obter a droga de que necessita para satisfazer seus desejos.

Na realidade, o usuário de drogas, seja ela o álcool, o fumo, a maconha, a cocaína, a heroína, o ópio ou o *crack*, morre a cada minuto de sua vida, de uma forma inconsciente e cruel, em que só toma conhecimento do desastre individual depois que atravessa as águas enigmáticas do rio da morte, chegando ao mundo espiritual totalmente destrambelhado e infeliz, necessitando de socorro urgente, o que torna sua vida no além muito difícil, devido à falta de conhecimento das regras que regem o mundo dos pensamentos onde se encontra, sem nenhum preparo, sem nenhuma religiosidade que lhe possa amparar nesses momentos críticos de sua vida, e só mesmo a ajuda de um irmão dedicado podem curá-lo

Do outro lado da vida, o viciado em drogas enfrenta um outro problema de consequências desagradáveis, que são os obsessores de todos os tipos, além dos inimigos gratuitos que surgem de todas as partes, incluindo os vampiros; que são entidades espirituais cruéis e perversas, especializadas em torturar os recém-chegados, principalmente os comprometidos com o mal, que muitas vez passam à situação de escravos, ficando à mercê desses espíritos trevosos que imprimem na mente dos viciados de toda a sorte uma espécie de monoideísmo tiranizante, para mantê-los exatamente como viviam aqui na Terra, causando sofrimentos inenarráveis, difíceis de serem explicados pela definição humana.

9

As drogas, a violência e os crimes

"O lado mais forte vence mais vezes, conquistando indevidamente direitos e privilégios. Desse modo, boa parte da justiça terrestre perde sua respeitabilidade, segurança e proteção, que a sociedade tanto espera. A justiça humana não é constituída somente de Leis, conceitos e códigos; fazem parte também as realidades psíquicas e emocionais da corporação jurídica. Elas também interferem na aplicação da justiça. Buscando manter a vitória do Direito, nem sempre os homens garantem a reta justiça." (Walter Barcelos. *Justiça e felicidade*. pp. 112 e 113.)

Os jovens que fazem o uso do cigarro estarão sempre mais propensos a iniciar o uso da maconha, do mesmo modo que o usuário da maconha e do *crack* passem depois de um certo tempo a usar a cocaína, a morfina e a heroína, que são drogas mais fortes e que provocam sensações mais intensas no psiquismo humano. De qualquer modo, uma coisa é certa: tudo é paulatino, homeopático e gradativo, passando por etapas cada vez mais agressivas, até a chamada *overdose*, que quase sempre culmina com o óbito do usuário. Todo esse processo de iniciação e continuação do vício é quase imperceptível, não só pelo viciado, como também para os familiares que convivem com ele, e quando se dão conta, já é tarde demais.

> Os conflitos de qualquer natureza constituem os motivos da apresentação falsa para que o indivíduo se atire ao uso e abuso de substâncias perturbadoras, hoje ampliadas com os barbitúricos, heroína, a cocaína, o *crack* e outros opiáceos.
>
> E não faltam conflitos na criatura humana, principalmente no jovem que, além dos fatores de perturbação referidos, sofre a pressão dos companheiros e dos traficantes, que se encontram nos seus grupos sociais com o fim de os aliciar: a rebelião contra os pais; forma de vingança e de liberdade; a fuga da pressão da vida, que lhe parece insuportável; o distúrbio emocional, entre os quais se destacam os de natureza sexual. (Joanna de Ângelis/Divaldo P. Franco. *Adolescência e vida*, 7 ed. p. 124.)

A situação atual está revestida de momentos de grande perturbação entre os habitantes do nosso planeta, porque as guerras sanguinolentas, ainda continuam em várias regiões do orbe terrestre. As revoluções em países em desenvolvimento também são uma realidade, além das greves, dos movimentos sociais na busca de melhor atendimento médico e social, como também as invasões dos sem-terra, que buscam oportunidade de melhores condições de vida, mas nem sempre pelas vias legais, fazem com que as pessoas passem a desacreditar no bem, e aí muitos desavisados incorporam essas levas de malfeitores e desocupados, que querem conseguir tudo de graça, ou pelo menor esforço.

Pelo menos no que toca o Brasil, a violência é registrada todos os dias, principalmente nas grandes cidades, em especial em bolsões de miséria, que grassa nas favelas e nos morros, onde se aglomeram milhares de pessoas em condições mínimas de sobrevivência; e é exatamente nesses locais que ocorrem o maior número de agressões e assassinatos, é que temos uma estatística cruel: pelo menos setenta por cento das mortes pela violência do assassinato tem como motivo principal as drogas, envolvendo usuários e traficantes, numa disputa insana em que leva a pior quase sempre o viciado.

Nessa guerra sem tréguas, envolvendo traficantes, viciados, e principalmente policiais, fardados ou não, o perdão é muito difícil de ser evidenciado, e qualquer deslize, qualquer falta de atenção para com as regras do tráfico, é morte certa. Quem deixa de pagar as dívidas com a droga morre; quem vende e não presta conta do material posto à sua disposição morre; quem comenta qualquer assunto envolvendo drogas e traficantes morre; quem se nega a se submeter às pressões que os traficantes fazem para obter favores morre; quem se arrisca as fazer concorrência com os traficantes morre, e quem resolve abandonar as drogas de uma hora para outra, sem dar satisfação aos traficantes, também morre.

E é interessante observar que existe uma ideia errônea a respeito dos mandantes desses crimes envolvendo drogas, porque a maioria das pessoas creditam essas mortes aos traficantes, mas na realidade eles são apenas intermediários ou executores das sentenças, porque o mandante é quem fabrica as drogas, o dono das drogas, e esse é difícil de ser apanhado, porque ele não fica nas favelas e nem no morro, mas em mansões de luxo, hotéis cinco estrelas, ou em estâncias de repouso; e é desses lugares refinados, acima de qualquer suspeita, que comandam o crime, dando ordens expressas para eliminar qualquer pessoa que esteja interferindo no processo de distribuição e venda dos entorpecentes

Esses desalmados, cruéis, perversos, autoritários e prepotentes, mantêm com salários mensais altíssimos matadores profissionais, que dormem de dia, para sair na calada da noite para executar esses planos sinistros de eliminar pessoas. As autoridades conhecem esses donos da criminalidade, mas muitas vezes nada podem fazer, e muitas vezes não querem fazer; porque são pessoas bem relacionadas no meio social, com acesso a gabinetes de prefeitos, governadores, de ministros de todas as estâncias, de deputados e senadores, sendo muito difícil chegar até eles, que por sua vez são especializados em manobrar autoridades do executivo, do legislativo e do judiciário

Não se tem notícia de que a polícia tenha agarrado nenhum deles, simplesmente porque não falam em celular próprio, mantém a imensa fortuna que possuem em nome de terceiros, em nome da parentela familiar ou amigos fiéis, e dificilmente aparecem em público; não são conhecidos nem pelos traficantes, que recebem ordem de mensageiros ou pelo celular de terceiros. Os grande chefões não mantêm conta normal em bancos brasileiros com muito dinheiro, e sim em contas numeradas em ilhas fiscais do exterior, onde as autoridades monetárias não têm acesso, circulam pelo meio do povo como pessoas normais, sem despertar nenhum comentário, porque são vivos, experientes na arte de enganar.

Outro fator determinante para que a criminalidade dos que vivem das drogas continue proliferando é a corrupção, que, em se tratando de Brasil, transformou-se numa epidemia, penetrando todos os poderes da República: Executivo, Legislativo e Judiciário, numa ação avassaladora que não exclui ninguém, desde o funcionário mais humilde que rouba a merenda escolar, até o deputado, o senador ou o ministro de estado. Fica difícil entender como uma pessoa ocupando um cargo tão importante, e tendo um salário tão alto, pode se deixar levar por uma atração tão grosseira, o roubo, a falcatrua e a apropriação indébita.

10

A felicidade do ser humano não encontra respaldo nas drogas

"A felicidade é a busca incessante de todo ser humano. Quer ser feliz para sempre, embora nada saiba a respeito dessa construção de sua vida. Cada um vai atrás de sua própria felicidade, tendo como forças determinantes seus sonhos e desejos, ideais e ambições. Na Terra, a felicidade é fugidia: sempre não está onde nós a procuramos e nem fica onde a desejamos colocar." (Walter Barcelos. *Justiça e felicidade*. p. 131.)

"Quando se está desperto para as finalidades existenciais que conduzem à autorrealização, à autoidentificação, todos os problemas são enfrentados com naturalidade e paz, porquanto ninguém amadurece psicologicamente sem lutas, que fortalecem os valores aceitos e propõe novas metas a conquistar.

Os mecanismos de fuga pelas drogas, normalmente, produzem esquecimento, fugas temporárias ou sentimento de maior apreciação da simples beleza do mundo, o que é de duração efêmera, deixando pesadas marcas na emoção e na conduta, no psiquismo e no soma, fazendo desmoronar todas as construções da fantasia e do desequilíbrio." (Joanna de Ângelis/Divaldo P. Franco. *Adolescência e vida*. 7 ed. p. 124.)

Pesquisas realizadas em nações do primeiro mundo, em nações em desenvolvimento, ou na África, onde predomina a pobreza quase que total, chegou-se à conclusão de que o viciado em drogas é antes de tudo um antissocial, e que ao iniciar a vida sombria no mundo dos entorpecentes, a primeira atitude que toma é a de se afastar das pessoas, inclusive das mais íntimas, que pertencem à sua parentela familiar, tornando-se um pária em matéria de relacionamento na vida diária, passando a viver pelos cantos, fechado dentro dos quartos ou em locais desertos e de difícil acesso, para não expor para o público a sua desdita, a sua infelicidade, não desejando que a parentela familiar, os amigos e demais pessoas possam vê-lo numa posição tão deprimente.

A prática do uso das drogas pelos seres humanos faz com que as pessoas rompam temporariamente com tudo que cultivavam antes: se estava matriculado e frequentava uma academia de ginástica, certamente vai se desligar; se frequentava algum clube social não aparecerá mais; se gostava de festinhas, onde se reunia com amigos, poderá até aparecer, mas ficará escondido em um canto, e só conversará com companheiros com os quais se identifica, e até mesmo o hábito de jogar futebol nos fins de semana com os amigos será cancelado, porque a mente cria uma ideia única de só pensar nas drogas, e isso deixa o viciado atordoado e confuso, num sofrimento atroz.

Os jovens e pessoas que não fazem o uso de drogas têm um comportamento totalmente diferente do viciado, porque se apresentam sempre alegres, espontâneos, sorridentes e felizes, fazendo questão de estar entre muitas pessoas, não se escondendo de nada, porque nada têm a temer, e mesmo quando não se tem recursos financeiros, qualquer coisa os faz alegres, porque a mente está limpa, desimpedida, liberta para comandar o pensamento em direção ao infinito, onde certamente está o nosso verdadeiro destino, e não aqui nesse mundo material, cheio de atrações viciosas e criminosas, incluindo nesses casos as drogas.

É perfeitamente lícito quando um pai ou uma mãe, ou até membros da parentela familiar de um viciado, busca por todos os meios libertar o usuário de drogas, porque muitas vezes as autoridades policiais mesmo sabendo de ocorrências, que podem identificar um ilícito ou um crime, não dão a mínima, mas isso não é o certo, porque a justiça dos homens é o fruto do esforço da inteligência, visando o equilíbrio da vida em sociedade, a fim de que seja diminuído o consumo de drogas, eliminando as forças negativas das ações dos indivíduos, buscando garantir os direitos individuais, assim como o equilíbrio e a paz que todos desejam, mas que, sem esse propósito de sanear os ambientes sociais, fica muito difícil viver com harmonia dentro de uma organização social.

Determinadas autoridades corruptas e corruptoras, que alardeiam as ideias de liberar o uso da maconha em ambientes fechados, com também isentar de culpa os usuários de drogas, só vão acordar desse sono letárgico da indiferença quando tiver dentro da parentela familiar viciados em drogas, porque essa mania de achar que o problema é sempre dos outros, e que a dor alheia está do outro lado da rua e não na minha, é mais temporário do que se pode pensar, porque a dor alheia que grassa em frente à sua casa, vai passar para o seu lado e vai entrar dentro do seu lar.

O combate ao uso de drogas é uma missão de todos, mas esse assunto é complicado quanto perigoso, e praticamente ninguém quer se envolver com o mundo reservado, secreto e perigosíssimo das drogas, porque os titulares desse mundo sombrio e trevoso mantêm espiões por toda a parte, e sabem tudo que se passa ao redor dos seus currais de atendimento aos viciados.

Nas instituições que abrigam menores infratores que cometeram todos os tipos de crimes, o número de detentos que fazem o uso de drogas é altíssimo, e, não se sabe como, depois de presos continuam a receber dentro desses estabelecimentos de recuperação as drogas de que necessitam para que possam continuar, mesmo dentro da prisão, a cometer faltas gravíssimas contra os companheiros de infortúnio, sendo muito comum assassinatos entre eles. Outro fator negativo nessas prisões ou abrigos de correção, o nome não importa tanto, é que dificilmente oferecem trabalho para os menores infratores, que passam horas e horas sem fazer absolutamente nada, o que aumenta o índice de adolescentes que são liberados dessas instituições de correção sem que tenham melhorado em nada.

A educação caseira, ministrada pelos pais e professores a respeito do perigo das drogas, deveria ter propaganda diária paga pelo governo, orientando os responsáveis pelos jovens sobre a necessidade de uma educação de amor, em que se cultiva os valores éticos da sociedade em vivemos, destacando que o sucesso da vida não está no uso das drogas, mas no trabalho sério em empregos conquistados por meio de concursos, quando se consegue um bom salário para a compra de uma casa confortável; e a partir daí conhecer alguém com quem possa se casar, ter filhos, criar uma família, exatamente como fizeram nossos antepassados, pais, avós e bisavós.

A felicidade do jovem está na cultura e no conhecimento; numa vida pacata e simples, em que no final de semana todos se reúnem em família, e aí se confraternizam com um almoço para todos; tudo muito simples, sem tribulações, sem atropelos, sem ansiedade, sem dependência, sem deslumbramento, sem tristeza, sem melancolia, sem solidão, sem isolamento, e sem o medo de enfrentar as pessoas cara a cara, como medo de ser identificado como usuário de drogas.

Andar com a cabeça erguida é muito bom, é muito saudável, é preponderante para que sejamos felizes, e o viciado não pode ter nada disso, porque está preso a uma malha intensa de pensamentos descontrolados, que não deixa passagem para o que é bom, para o que é ético e social, porque as drogas infernizam a vida das pessoas, e, uma vez dentro do esquema, é quase impossível sair.

11

Usar drogas é provocar a autodestruição, lenta e inexorável

> "Insinuante, a princípio perturba os iniciantes e desperta nos mais fracos curiosa necessidade de repetição, na busca enganosa de prazeres ou emoções inusitados, conforme estridulam os aficionados que lhe padecem a terrível dependência.
> Aceito sob o acobertamento da impudica tolerância, seu contágio destrutivo supera o das mais virulentas epidemias, ceifando maior número de vidas do que o câncer, a tuberculose, as enfermidades cardiovasculares adicionadas... Inclusive, mesmo na estatística de óbitos dessas calamidades de saúde, podem-se encontrar como causas preponderantes ou predisponentes as matrizes de muitos vícios, que se tornaram aceitos e acatados qual motivo de relevo e distinção."
> (Joanna de Ângelis/Divaldo P. Franco. *Após a tempestade*. 8 ed. p. 48.)

O uso do instinto de conservação é um determinismo divino que o homem terreno precisa respeitar, porque ele está intimamente ligado ao corpo físico, que é o instrumento de serviço do espírito imortal no mundo das formas; e o desleixo com esse presente divino acarreta responsabilidades sérias, não só aqui, como também quando atravessamos as águas enigmáticas do rio da morte. A preservação do organismo humano, livrando-o de tudo aquilo que possa violentá-lo, adulterá-lo ou até mesmo provocar a sua morte, é uma missão que o homem não pode descartar, porque lhe será cobrado aqui ou no além o uso dos recursos de que todos dispomos para enfrentar a vida física com respeito e amor, sem nos deixarmos levar pelas fantasias da vida sombria das drogas.

Quando um jovem, adulto ou idoso, se deixa levar pelo encanto das drogas, automaticamente ele entra em distonia com seu corpo físico, que com seus bilhões de células não está condicionado para receber produtos corrosivos que possam desestruturá-lo na sua composição eletromagnética, e logo no início do vício nas drogas o usuário notará que houve de certa maneira uma rejeição, e só não para o empreendimento sinistro porque está encantado ou fascinado por um tipo de prazer fácil, em que pode ficar eufórico e alegre sem que tenha de fazer qualquer esforço, a não ser consumir a droga.

Mas a resposta da rejeição do corpo físico vem logo a seguir, quando o viciado passa sentir tonteiras, mal-estar e cólicas constantes, sonolência e falta de ânimo, desejando não fazer absolutamente nada; perda de apetite ou gula exagerada; vontade de fumar constantemente; secura na boca e tremores. Então são muitas as características que o organismo físico apresenta para o seu dono, para que ele se conscientize de que está destruindo aos poucos seu instrumento de trabalho e elevação, não encontrando respaldo por parte do viciado, porque muitas vezes o estágio de contaminação já atingiu índices altíssimos, sendo quase que impossível reverter a situação, que se torna cada vez mais crítica, até que, sucumbido pelo excesso de veneno injetado pelas drogas, chega ao melancólico fim que chamamos de "morte".

Quando um viciado em drogas, seja ela de qualquer tipo, morre pela violência das armas os comentários que são ouvidos é que na realidade ele foi premiado, porque de qualquer maneira acabaria morrendo ainda jovem, e o pior, aos poucos, gradativamente, homeopaticamente, por doses contínuas, até que uma *overdose* ponha fim numa vida atribulada de sofrimentos para o usuário e principalmente para os seus familiares. Pelo número de anos que se tem conhecimento do aparecimento das drogas no mundo, já era para se ter inventado um antídoto eficaz que curasse imediatamente os viciados de toda a sorte, mas isso é praticamente impossível, porque a viciação em drogas é antes de tudo mental, e, portanto, não adianta curar o corpo físico se não curar a mente, porque na realidade quem adoece é o espírito, e o corpo é apenas um órgão de excreção, encarregado de colocar para fora as atrofias que a alma tem por dentro.

Dificilmente um viciado em drogas chega à terceira idade, e até certo ponto isso é bom para eles, porque se chegassem a uma idade avançada, não chegaria uma pessoa e sim um trapo humano, uma vez que as drogas desfiguram o semblante, cria rugas em excesso, torna os olhos roxos, embranquece os cabelos por antecipação, faz com que os ombros fiquem caídos, as pernas se tornam trôpegas, deixando o idoso sem condições de caminhar, as mãos se tornam trêmulas, sem capacidade de segurar quase que nada, e as forças físicas desaparecem, fazendo com que os idosos usuários de drogas tenham que permanecer sentados ou deitados a maior parte do dia.

No campo psicológico a situação ainda é pior, porque ele passa a ter sonhos fantasmagóricos, pesadelos incríveis, em que criaturas das trevas tentam raptá-lo, choros convulsivos sem nenhum motivo, tristeza profunda e melancolia constante, e nem mesmo a presença de filhos, esposa e netos, consegue minimizar os efeitos nefastos deixados como herança pelas drogas.

12

Nos morros e favelas o combate às drogas é mais acirrado

> "Paisagem humana triste, sombria e avassaladora, pelos miasmas venenosos que destilam os grupos vencidos pelo uso desregrado dos tóxicos, constitui evidência do engano a que se permitiram os educadores do passado; pais ou mestres, sociólogos ou éticos, filósofos ou religiosos. Cultivado e difundido o hábito dos entorpecentes entre povos estiolados pela miséria econômica e moral, foi adotado pela civilização ocidental quando o êxito das conquistas tecnológicas não conseguiu preencher as lacunas havidas nas aspirações humanas, mais ampla e profunda integração nos objetivos nobres da vida." (Joanna de Ângelis/Divaldo P. Franco. *Após a tempestade*. 8 ed. p. 43.)

Acompanhando o aumento da criminalidade nas grandes cidades do Brasil, e pelo fato da maioria desses crimes serem creditados na conta do uso de drogas, as autoridades resolveram adotar uma atitude inusitada, e invadiram os morros e favelas cariocas com um efetivo de militares da polícia, do Exército, da Marinha, da Polícia Civil e da Polícia Federal. Foi uma ação simultânea, com um efetivo de mais de dois mil homens, portando armas pesadas, e com tanques de guerra do Exército e da Marinha.

Os chamados marginais foram cercados por todos os lados, e tudo parecia que seriam presos no mínimo uns trezentos companheiros voltados para o mal, porque mais de quatrocentos corriam para um lado e para o outro, sem rumo, já que havia policiais na parte de baixo, e na parte de cima, mas aí aconteceu o inesperado, ou por ordem de cima, ou por desinteresse na ação, todos eles escaparam, e só se prendeu meia dúzia de gatos pingados que foram apresentados para a sociedade.

A operação de guerra foi um desastre, como também está sendo a ocupação das favelas e morros depois da invasão, porque até agora não se tem notícia nenhuma de que tenha havido uma vitória real sobre os traficantes e os usuários de drogas, que continuam trafegando tranquilamente pelas ruelas e becos dessas comunidades carentes, em locais de difícil acesso, e onde a polícia não vai. Os tiroteios provocados pelos traficantes e viciados também continuam acirrados e às vezes varam a noite, dando a impressão que eles têm mais munição do que as forças de segurança, numa afronta direta às autoridades, que poderiam ter minimizado esse problemas se tivessem utilizado de informações precisas sobre o paradeiro dos verdadeiros responsáveis pelo tráfico de drogas.

As incursões nas favelas e morros que continuam sendo executadas, e têm se mostrado ineficientes, e o pior, perigosíssimas, porque sempre acontece de sair alguém ferido à bala, e, por incrível que pareça, nunca é o traficante ou o usuário, e sim uma pessoa inocente que passava ali por motivo de trabalho, inclusive crianças que brincam nas vielas estreitas e becos escuros dessas comunidades, deixando os pais desesperados pela morte dos filhos ainda em tenra idade. E aí vem a desculpa esfarrapada: quem matou foram os bandidos, e pode ser que seja mesmo, mas a ação intempestiva, sem nenhum plano meticuloso, e muitas vezes em horário nobre, em que muitas pessoas circulam nesses locais, coloca sem dúvida nenhuma, grande parte da responsabilidade nos ombros dos comandantes dessas operações, que só servem para satisfazer a cobrança da mídia.

Não estamos defendendo de maneira nenhuma a falta de ação contra aqueles que traficam drogas, que produzem drogas. O que queremos dizer é que as ações de repressão precisam serem estudadas com calma e paciência, e as prisões devem ser realizadas sem alarde, utilizando-se de informações sobre a vida desses marginais, e isso pede uma investigação secreta, que pode durar muitos meses. Depois desse tempo, o traficante será abordado num motel, numa casa de praia, em sua residência, num campo de futebol, na casa de uma amante, enfim, em locais em que sua prisão ofereça risco ao menor número de pessoas possível e não dentro de uma favela ou morro, no meio de centenas de pessoas, com tiroteios intensos, colocando em risco a vida dos moradores.

Outro detalhe interessante é que há um interesse muito grande pelo traficante, como também pelo usuário de drogas, mas nenhum interesse pelos fabricante das drogas, ou por aquele que importa do exterior esse veneno mortal que dizima os nossos jovens. E isso se justifica porque o fabricante ou atravessador não é um zé-ninguém qualquer, ele tem poderes políticos, administrativos e jurídicos, e há pouco tempo tivemos um exemplo disso, quando um advogado famoso, ex-ministro da justiça, se colocou à disposição para defender um bicheiro comprometido com vários crimes, sendo taxado pela mídia como ávido pelo dinheiro, mas a realidade é outra, ele foi obrigado a aceitar a causa, pressionado por forças ocultas que nunca vêm à tona, porque os responsáveis nunca aparecem, escondendo-se atrás de cargos importantes, de togas altíssimas e contas numeradas no exterior.

E enquanto não se resolve essa pendenga interminável de polícia, traficantes, viciados e drogas, as populações carentes dessas comunidades, onde a droga circula com facilidade, sofre; pela ação dos traficantes, pela presença desconfortável dos usuários de drogas, pela ação da polícia, enfim, é cercada por todos os lados, sem encontrar saída, e muitos são obrigados a deixar tudo, casa, emprego, móveis para os detentores dos poderes nas favelas e morros, e ainda se consideram com sorte em sair com vida, porque muitos nem isso conseguem. A proteção dada pela polícia civil ou militar é zero, e qualquer contato de moradores com autoridades policiais é considerado traição pelos donos das bocas de fumo, e a sentença é a morte.

Então, se o morador desses locais quiser viver muito, terá que ficar neutro em tudo, e nem mesmo olhar em determinados locais, ou observar cenas dantescas de uso de drogas, ou assaltos que também ocorrem nessas áreas, porque isso também determina a morte.

Pela falta de recursos físicos e espirituais, de uma educação adequada, e de exemplos nobilitantes que não existem nessas áreas de atrito e uso de drogas, as crianças nascem e crescem num ambiente conturbado, contaminado pelo que é ruim, pelo que é antiético e social, e quando atingem o início da juventude, desejam ser exatamente o que os traficantes são: autoritários, independentes, falastrões, donos da verdade, vaidosos, orgulhosos, egoístas e maus, e que conseguem desfrutar de uma vida boa, sem ter que fazer quase que absolutamente nada. Os traficantes não têm patrão nem empregados, pois vivem às custas dos dependentes das drogas que traficam, para o desespero dos pais que estão com os filhos envolvidos com o uso de entorpecentes.

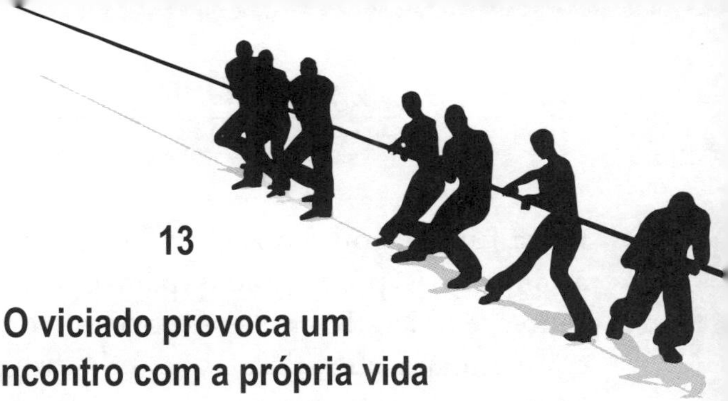

13

O viciado provoca um desencontro com a própria vida

"Acostumado às sensações fortes, passou a experimentar dificuldade para adaptar-se às sutilezas da percepção psíquica, do que resultariam aquisições relevantes, promotoras de plenitude íntima e realização transcendente.

Tabulados, no entanto, programados por aferição externa de valores objetivos, preocupam-se pouco os encarregados da Educação em penetrar a problemática intrínseca dos seres, a fim de, identificando as nascentes das inquietações no espírito imortal, serem solvidos os efeitos danosos e atormentadores que se exteriorizam como desespero e angústia.

Estimulado pelo receio de enfrentar dificuldades, ou motivado pela curiosidade decorrente da falta de madureza emocional, inicia-se o homem no uso de estimulantes, sempre de efeitos tóxicos, a que se entrega inerme, deixando-se arrastar desde então, vencido e desditoso. Não bastasse a leviandade e intemperança da maioria das vítimas potenciais da toxicomania, grassam os traficantes inditosos que se encarregam de arrebanhar catarmas, que lhes submetem ao comércio nefando, aumentando, cada hora, os índices dos que sucumbem irrecuperáveis." (Joanna de Ângelis/Divaldo P. Franco. *Após a tempestade*. 8 ed. p. 43.)

Se o usuário das drogas soubesse o que o espera depois que se torna uma viciado, dificilmente entraria nessa furada, como dizem os jovens, porque são muitas as injunções programadas para o usuário de entorpecentes, e o detalhe interessante é que o companheiro ou companheira que adere ao uso de drogas, na realidade, só pensa em prazer, euforia, êxtase, ficar aceso, alegrinho, e jamais poderia pensar, que, por detrás dessa fantasia temporária que as drogas oferecem, existe um calvário de penas que nem todos conseguem suportar, e a morte prematura de muitos viciados está intimamente ligada a esse fator. Nem todos os participantes dessas libações mortíferas têm estrutura para suportar a invasão paulatina desse veneno no organismo humano.

O vazio mental e existencial que se apodera dos viciados depois de algum tempo, quando as drogas não fazem mais o efeito do início da entrega, é algo indefinível, levando o viciado a estados de tristeza, melancolia, desânimo, falta de apetite, e em alguns casos à loucura. Daí o grande número de suicídios que ocorrem com os usuários de drogas. Quando se chega a esse estado deplorável de miséria humana, nada mais agrada, e nem mesmo as mansões super luxuosas, nem os carros de última geração, nem os amigos íntimos, e nem mesmo a parentela familiar, incluindo o pai e a mãe, pode dar para o viciado em drogas o lenitivo para a sua dor aguda e lancinante, que o corrói por dentro, como se fosse um veneno cáustico, destruindo aos poucos suas vísceras, e cortando suas entranhas.

Quantos artistas do mundo do cinema, do teatro, da música, das novelas; quantos escritores, filósofos, pensadores, políticos, administradores de empresas; quantos atletas de todas as modalidades esportivas envolvidos com drogas desistem de tudo, passam a não dar nenhum valor à profissão que exercem, ao luxo que os cercam, e abominam até a fama que obtiveram com seu trabalho, para se dedicarem exclusivamente ao uso dos entorpecentes, aparecendo uma vez ou outra em eventos, mas de um modo geral faltam sempre aos compromissos assumidos. Esse atletas desligam-se de forma assustadora da profissão que tanto pediram para si, decepcionando muitas vezes o público que pagou para aplaudi-los; e tudo isso porque o pensamento está intimamente ligado às drogas, que não dão tréguas, até levar à loucura, ao suicídio e à morte.

Essa fuga inacreditável que as pessoas procuram com o uso das drogas tem um preço altíssimo, porque não consta em nenhum livro ou nenhuma crônica, e ainda nenhum jornal, que alguém tenha saído sem mácula depois de um período em uso de drogas, mas o que se sabe é que mesmo que o usuário consiga se curar depois de muito tempo de tratamento físico e espiritual, o ex-viciado nunca mais será o mesmo, porque as drogas deixam marcas indeléveis, um rastro de miséria e destruição, como o acabrunhamento, a desconfiança nos outros, o tornar-se arredio, o isolamento, a tristeza, a melancolia, a falta de desejo para viver, e o afastamento das pessoas, deixando o recuperado numa situação muito difícil, até mesmo dentro do próprio lar, onde a parentela familiar tem que ter muita paciência e serenidade para lidar com alguém que perdeu a vontade de continuar vivendo.

Outro ponto importante que os usuários de drogas deviam saber é que a morte, como muitos pensam, não os livrará de todos os problemas que as drogas acarretam, e por isso muito viciados se lançam ao encontro da morte pelo suicídio direto, porque o suicídio indireto já está inserido no próprio uso dos entorpecentes, e do outro lado da vida sofrem a maior decepção ao descobrirem que continuam vivos, e o pior, com as mesmas necessidades que tinham antes, ou seja, continuam necessitando das drogas. Surge, então, um fato inusitado para o desencarnado pelo uso de drogas, ele não tem mais o corpo físico, e tem que aprender a duras provas um método eficiente para continuar com as libações do veneno das drogas, o que só vai conseguir depois de se aliar a malfeitores do espaço, ou seja, entidades perversas que passaram por esses estágios, e que se locupletam dominando os incautos que chegam da Terra.

14

Seguir Jesus de perto é a melhor terapia contra o uso de drogas

"Na verdade, os homens sempre tentaram modificar seu humor, as percepções e as sensações por meio de substâncias psicoativas, com finalidade religiosas ou culturais, curativas, relaxantes, prazerosas, entre outras, mas, enfim, sempre tentaram modificar o seu estado de consciência." (Wanderley Rebello Filho. *Drogas – Por quem nunca usou*. p. 94.)

"A educação moral à luz do Evangelho de Jesus sem disfarces nem distorções; a conscientização espiritual sem alardes; a liberdade e a orientação com bases na responsabilidade; as disciplina morais desde cedo; a vigilância carinhosa dos pais e mestres cautelosos; a assistência social e médica em contribuição fraternal, constituem antídotos eficazes para o aberrante problema dos tóxicos, autoflagelo que a humanidade está sofrendo por haver trocado os valores reais do amor e da verdade pelos comportamentos irrelevantes quão insensatos na frivolidade. O problema, portanto, é de educação na família cristianizada, na escola enobrecida, na comunidade honrada e não de repressão policial." (Joanna de Ângelis/Divaldo P. Franco. *Após a tempestade*. 8 ed. p. 46.)

Dentre as muitas assertivas que constam do Evangelho de Jesus, todas ela de profundo aproveitamento para o homem terreno, tem uma que se ajusta muito bem ao problema das drogas, porque é como se Jesus estivesse falando para nós agora, quando afirma categoricamente: "Entrai pela porta estreita, porque larga e atraente é a porta da perdição, e muitos são os que entram por ela." Nessa assertiva, Jesus fala do processo de escolhas a que todo ser humano está sujeito, e aponta duas portas: uma estreita, que seria a porta da vida; e a porta larga, que seria a porta da perdição, e que muitos dão preferência, pois é atrativa, cheias de ilusões, fantasias, que se desfazem com o tempo, deixando o usuário com uma amarga decepção. A porta estreita é a porta do dever cumprido, do trabalho, da luta, da resignação, da bondade, da renúncia, da solidariedade, do compartilhamento, da paz, da alegria e da felicidade.

Nos dias tumultuados de hoje, ninguém tem mais dúvidas de que a porta larga a que Jesus se referiu é a porta das drogas; uma porta escancarada, pronta para receber os incautos da vida, que vivem na busca de prazeres exacerbados, de emoções fortes e fantasias nefastas, mesmo que isso custe a sua própria liberdade, que certamente será tolhida quando iniciarem o uso de entorpecentes. A vida que todos nós vivemos aqui na Terra é um eterno processo de escolhas; escolhemos todos os dias, e vive melhor quem aprende a escolher. Talvez o maior problema do ser humano seja este: aprender a escolher para si e principalmente para os outros, porque na realidade não estamos sozinhos, e temos sim responsabilidade com os outros, principalmente com a nossa parentela familiar, que sofre muito quando entramos para o mundo das drogas.

A tecnologia do mundo moderno de hoje nos assusta muito, e no desejo de possuir tudo ao mesmo tempo, principalmente os jovens, se atiram de cabeça em projetos sombrios, em especial o que envolve o consumo de drogas, muitas vezes por esporte, a fim de demonstrar coragem, outras vezes por estar passando por decepções ou desilusões, e ainda por se sentir frágil e débil diante de tantos problemas do dia a dia. Diante de tudo isso, só há uma alternativa para o homem do século XXI, realizar um encontro com Jesus, não importando a religião que professe, porque na realidade o ponto forte será a entrega do coração ao divino mestre, fazendo durante as preces, ou Culto no Lar, a seguinte pergunta: "Senhor, que queres que eu faça? Dê as diretrizes para minha vida, acompanha os meus passos, corrija os meus pensamentos e sentimentos", e Jesus certamente ouvirá suas preces, dando-lhe segurança na sua vida física e espiritual.

Em outra assertiva de grande impacto para a humanidade terrestre Jesus afirmou: "Busquem antes o Reino de Deus e todas as outras coisas lhes serão acrescentadas", numa alusão clara e insofismável que se não tivermos uma educação espiritual religiosa, com base no Evangelho de Jesus, e também na Doutrina Espírita, dificilmente teremos condições de administrar os bens temporários que passam de mão em mão, que não podem serem levados para o outro lado da vida, mas que mesmo assim continuam atraindo as pessoas com voracidade incrível. Só mesmo aqueles a quem Deus já tocou no coração conseguem se desvencilhar dessas armadilhas terrestres que nos convidam todos os dias, e entre essas arapucas disfarçadas de bem-estar, alegria e felicidade, estão sem dúvida nenhuma as drogas, cuja aparência se mostra inocente no início, para logo depois injetar seu veneno de cascavel no organismo humano do viciado.

Jesus é o sol das nossas almas, o corretor de posições de nossas vidas, o maior dispensador de bens eternos do mundo; uma bússola, cuja agulha magnética aponta para Deus. E é esse divino amigo que nos faz esse convite irrecusável: "Vinde a mim todos aqueles que se encontram cansados e oprimidos, e eu vos aliviarei." E quem poderia estar mais cansado e abatido, mais deprimido e triste, mais depressivo e sombrio, mais nervoso e sem esperança do que aquele que se droga, destruindo as forças do organismo humano, comprometendo o número de anos que viveria aqui na Terra. E Jesus continua no seu chamado: "Vinde a mim que sou manso, meu fardo é suave e meu jugo é leve." O fardo das drogas é pesadíssimo e o jugo é tiranizante, obrigando todos a viver sob o seu guante, sem tréguas e sem perdão.

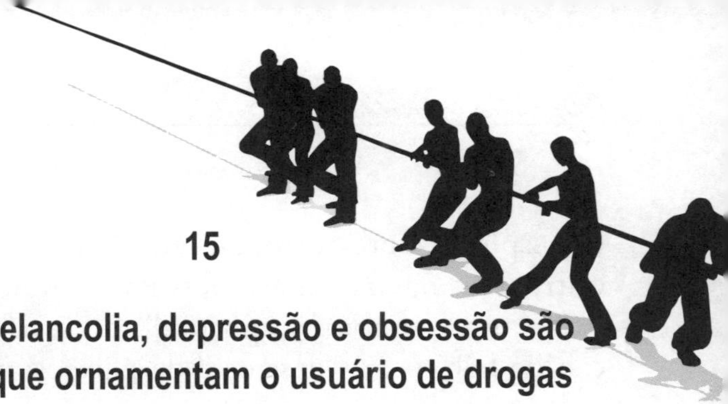

15

Tristeza, melancolia, depressão e obsessão são vertentes que ornamentam o usuário de drogas

> "O progresso nos espíritos é o fruto do próprio trabalho; mas, como são livres, trabalham no seu adiantamento, segundo sua vontade; com maior ou menor atividade, com mais ou menos negligência, acelerando ou retardando o progresso e, consequentemente, a própria felicidade." (Allan Kardec. *O céu e o inferno*. Cap. III. Questão 7.)

> "A quase totalidade dos que buscam desenvolver a percepção extrassensorial, por meio da usança do estupefaciente, encontra em si mesmo o substrato do passado espiritual, que se transforma em fantasmas, cujas lembranças do passado assomam e persistem; passando à experiência, impondo-se a pouco e pouco, colimando na desarmonização mental do neófito irresponsável.
> Vale, ainda, recordar que, adversários desencarnados, que se demoram à espreita das vítimas, utilizam-se dos sonhos e viagens astrais, para surgirem na mente do viciado, no aspecto perverso em que se encontram, causando pavor e fixando matrizes psíquicas para as futuras obsessões, em que se repletarão emocionalmente, famelgas da infelicidade em que se transformam." (Joanna de Ângelis/ Divaldo P. Franco *Após a tempestade*. 8 ed. p. 45.)

Quando buscamos no *Dicionário Aurélio* a significação da palavra obsessão, ficamos sabendo que é mania de perseguição; espírito de vingança, pressão fluídica de um espírito sobre outro, ou seja, domínio de um sobre o outro; mas na realidade a obsessão é muito mais do que isto: é uma "simbiose espiritual", ou seja, é uma associação de hábitos, de desejos e de paixões; ou até mesmo, uma parceria em que as duas parte se locupletam com a participação de ambos os envolvidos, muitas pessoas acreditam que seja apenas uma vítima, não o é, porque o obsessor, geralmente mais forte mentalmente, também é um sofredor, um desajustado, também com muitos problemas a resolver.

Os usuários de qualquer tipo de drogas, desde o álcool até os entorpecentes mais pesados como o ópio, a heroína, a cocaína, a maconha e o *crack*, depois que atravessam as águas enigmáticas do rio da morte, ou seja, morrem, perdem o corpo físico, não se modificam em absolutamente nada depois da desencarnação, e nem mesmo saem daqui da atmosfera espiritual da Terra onde viveram e o hábito que vivenciaram quando vivos continuarão a atormentá-los no além, exigindo que satisfaçam as necessidades das drogas, e é aí que entram os obsessores desencarnados, cruéis e perversos, ávidos de desejos em comandar incautos recém-chegados do mundo físico, utilizando esses párias da vida espiritual no processo obsessivo junto aos encarnados comprometidos com as drogas.

Uma vez no mundo das drogas, o viciado dificilmente escapa de um processo obsessivo, porque apresenta para malfeitores do espaço outras características que agradam os vampiros ligados ao mundo das drogas, como por exemplo: a irritabilidade constante, o nervosismo, o acabrunhamento, a falta de caráter, o horror ao trabalho, a melancolia, a tristeza, o isolamento, o azedume, e outras facetas que interessam de perto a esses cobradores do além, que morreram com essas particularidades, e por isso buscam sintonia, atração relativa aos pendores, hábito e tendências que evidenciaram enquanto viveram. O viciado em drogas, portanto, nunca está sozinho, e sim acompanhado por uma corja de espíritos desocupados e preguiçosos, que se locupletam com o aroma das libações do álcool, ou com o fedor insuportável da maconha, assim como com o cheiro ácido da cocaína, da heroína, do ópio e do *crack*.

Disso decorre que o tratamento dos viciados em qualquer tipo de droga passa impreterivelmente por duas vertentes distintas: uma física, em que utiliza-se de métodos que a medicina atual já conhece, como a desintoxicação, a internação em clínicas especializadas em viciados em drogas, onde, além da medicação, os viciados fazem exercícios físicos para voltar à forma, tendo em vista que as drogas depauperam o corpo físico, deixando o viciado sem forças, e também uma alimentação condizente com o estado do paciente.

A outra vertente do tratamento é espiritual, é um trabalho desobsessivo que pode durar anos. Mas só dá certo se a equipe não desanimar, não perder o controle sobre o paciente, não achar que já resolveu tudo depois de uma simples melhora, aplicando passes magnéticos todos os dias, oferecendo água fluidificada, fazendo preces junto com o paciente, realizando o culto no lar, e principalmente orientando sobre a necessidade de uma religiosidade. Com o tempo, as entidades obsessoras que também necessitam de orientação vão abandonado o usuário de drogas, que mesmo depois de curado, necessita de cuidados especiais, de controle e de vigilância, a fim de que não volte ao uso de entorpecentes.

A participação dos familiares e amigos junto ao paciente no período de recuperação é primordial, porque ao começar os primeiros resultados favoráveis à cura do viciado, ele sente uma tristeza muito grande, seguida de melancolia e desânimo, que pode levá-lo à depressão, e só mesmo o amparo, a ajuda de parentes e amigos para sustentá-lo nessas horas difíceis do abandono das drogas. Fugir desse caminho sombrio e tenebroso das drogas não é para qualquer um, porque precisa contar principalmente com a ajuda do paciente, que se não for forte, destemido, e desejar ardentemente sair da situação de dependente de drogas, fica quase impossível conseguir êxito nessa empreitada, porque depende muito mais do interessado do que das pessoas que estão ao seu lado para ajudá-lo.

16

As drogas deixam marcas que ultrapassam as fronteiras da morte

"Quem habita por justiça as regiões do umbral, é alguém que não tem nenhum mérito por enquanto para habitar colônia espiritual elevada e organizada. São almas revoltadas e agressivas; exigem aquilo que não fizeram por merecer; gritam contra as leis divinas que não souberam respeitar, reclamam coléricos de criaturas simples e boas que fizeram sofrer na vida terrena. Depois de muito sofrer, os que buscam o arrependimento sincero passam a receber o socorro e a assistência de que carecem." (Allan Kardec. *O céu e o inferno*, item 3 "Os habitantes do Umbral". p. 161.)

"A quase totalidade que busca desenvolver a percepção extrassensorial, por meio da usança do estupefaciente, encontra em si mesmo o resultado de um passado espiritual que se transforma em fantasmas, cujas sombras assomam e persistem, passada a experiência, impondo-se a pouco e pouco, colimando na desarmonização mental do neófito irresponsável. Vale, ainda, recordar que adversários desencarnados, que se demoram à espreita das vítimas, utilizam-se dos sonhos e viagens para surgirem na mente do viciado, no aspecto perverso em que se encontram, causando pavor e fixando matrizes psíquicas para as futuras obsessões, em que se repletarão emocionalmente, famelgas da infelicidade em que se transformam." (Joanna de Ângelis/Divaldo P. Franco. *Após a tempestade*. 8 ed. p. 45.)

A reencarnação é uma das leis que regem a vida cósmica, portanto, uma lei de Justiça, não impondo a ninguém reencarnar para sofrer, destinado a dores, sofrimentos, decepções, desilusões, aflições e outras formas de penalidade no campo das provações e expiações, mas sim para crescer, superar, transcender e ocupar um espaço ideal destinado a todos os seres humanos, e mesmo que venha para uma nova reencarnação, com matrizes dolorosas de experiências passadas, não é obrigado a cumpri-las, porque o livre-arbítrio dá ao homem terreno o direito de modificar o seu roteiro de reencarnação, desde que ele se esforce nesse sentido, trabalhando incessantemente para corrigir os defeitos de outras vidas, acumulando recursos no campo da fraternidade e da mansuetude, da renúncia e do compartilhamento.

Os usuários de drogas que desencarnam sem que tenham resolvido o problema com os tóxicos, não se curam por automatismo, gratuidade ou milagre depois da morte, mas certamente encontram do outro lado da vida espíritos bondosos e amorosos que compram a briga por eles, e muitos desses companheiros e companheiras, que resvalaram pela senda do crime envolvendo drogas, se não se curam totalmente, melhoram muito o estado mental em que se encontram, dando condições para que possam envergar um novo corpo físico, agora com a responsabilidade de cuidar bem dele, compromisso esse que nem todos conseguem cumprir, porque é muito difícil abandonar o vício das drogas, principalmente quando se trata de drogas pesadas como a cocaína, o ópio, a heroína e o *crack*.

Exatamente como acontece aqui na Terra, do outro lado da vida existem centenas de instituições destinadas a receber e dar tratamento aos viciados de toda a sorte, mas lá, mesmo com todos os recursos modernos que se tem nos dias de hoje, o sucesso nesse campo de recuperação de viciados é muito pequeno, porque o vício das drogas não é apenas físico, mas principalmente espiritual, e tudo que envolve a mente imortal é mais difícil de ser tratado, porque o homem terreno não conhece absolutamente nada da mente humana, e nem mesmo conhece o seu instrumento maior que é o pensamento contínuo, trabalhando sempre com hipóteses, que os psicólogos e psiquiatras analisam sempre com carinho, mas não passam da superfície, não se aprofundando nem um milímetro nos recônditos secretos do espírito imortal, esse viajor incansável da eternidade, esse nômade do espaço, esse andarilho do infinito de Deus.

Depois de muitos anos de dor, sofrimento, aflições inenarráveis pela falta da droga, o viciado desencarnado, se tiver sorte, ganha uma nova oportunidade de reencarnação, ou seja, receberá um novo corpo físico para uma nova experiência no campo da carne, mas aí vem uma verdade que poucos conhecem: ao morrer perdemos o corpo físico, mas ganhamos o corpo espiritual, que é o perispírito com a forma humana, que ao acompanhar o espírito desencarnado para o além, leva consigo todas as mazelas que acumulamos na vida física, e que permanece com ele até uma nova reencarnação. Ocorrendo a volta à vida corporal, o perispírito que é uma espécie de forma do corpo físico, vai desaguar na nova indumentária terrestre todo o acervo de inibições que ostentávamos enquanto vivos.

Decorrente disso, podemos afirmar com absoluta certeza, que o viciado em drogas na vida atual trouxe consigo para a reencarnação atual resquícios da viciação que vivenciou em vidas passadas, mas que nem por isso teria que obrigatoriamente repetir o erro, e isso só ocorre por falta de coragem, fé e determinação por parte do espírito, que de alguma forma ainda se sente feliz em se locupletar com o vício de vidas anteriores. Geralmente é colocado em um ambiente em que possa ter tudo para se livrar das viciações: pais honestos, religiosos, sem vícios, parentela familiar unida, e/ou detalhes que possam ajudar na recuperação, mas o germe da inferioridade continua no íntimo do postulante à felicidade, e qualquer falha no comportamento faz com que esse sentimento ilhado, justo e amordaçado, volte a incomodar. E volta mesmo, porque tudo aquilo que não resolvermos em definitivo, continuará conosco, aqui ou no além, a nos cobrar incessantemente, até chegarmos a um ponto em que não estaremos devendo absolutamente nada, e com o coração limpo, poderemos caminhar para Jesus. Jesus Sempre!...

17

Seja feliz sem ter que usar drogas

"O futuro espiritual de cada criatura humano depende totalmente do que esteja fazendo no seu mundo íntimo, de sua inteligência, de seus sentimentos, de sua própria fé, de seus valores morais. A construção do espírito depende absolutamente do que estamos realizando com nossas horas livres, aproveitando o tempo na prática do bem, do amor ao próximo, da dedicação silenciosa aos familiares, da reforma íntima e na reconciliação com os adversários." (Allan Kardec. *O céu e o inferno*. Cap. I. "Nosso lugar após a morte". p. 154.)

"A educação no lar e na escola constitui o valioso recurso psicoterapêutico preventivo em relação a todos os tipos de drogas e substâncias aditivas, desvios comportamentais e sociais, bengalas psicológicas e outros derivativos.
A estruturação psicológica de ser é o recurso de segurança para o enfrentamento de todos os problemas que constituem a existência terrena, realizando-se em plenitude, na busca dos objetivos essenciais da vida e aqueles outros que são consequências dos primeiro." (Joanna de Ângelis/Divaldo P. Franco. *Adolescência e vida*. 7 ed. p. 124.)

Salomão, filho do Rei Davi, e um dos maiores sábios do seu tempo, afirma no livro *Provérbios* de sua autoria, o seguinte sobre a felicidade: "A felicidade não é deste mundo, e ainda que o homem terrestre tivesse toda a riqueza, toda a saúde, toda a beleza e todo o poder, ainda assim não seria completamente feliz." O monarca judeu sabia da dificuldade em se encontrar a felicidade, mesmo porque ela é diferenciada de uma pessoa para outra, mas ao mesmo tempo, em outro provérbio, também de sua autoria, ele corrige isso, e afirma com convicção: "Feliz é o homem de cujos atos sua consciência não o acusa." Nessa assertiva o Rei sábio deixa claro que tudo está ligado à nossa consciência imortal, que é o nosso advogado, o nosso promotor, e principalmente o nosso juiz, que certamente julgará as nossas faltas leves, médias ou graves cometidas aqui, ou depois que atravessarmos as águas enigmáticas do rio da morte.

A felicidade para ser autêntica, verdadeira e real, deve ser dividida e compartilhada, porque se não for assim ela não terá sua manutenção garantida, e morrerá à míngua por falta de paz, alegria, serenidade e fraternidade, e é por isso que os espíritos felizes se reúnem no espaço infinito e formam verdadeiras famílias, unidas pelos laços de amizade e fraternidade, na similitude de talentos que apresentam, trabalhos e missões que devem cumprir. Existe uma gradação incrível entre os espíritos felizes, mas pelo simples fato de serem virtuosos, não fazem distinção, e se respeitam, se admiram, porque estão afastados definitivamente dos vícios, desejos e paixões.

Nenhum espírito desencarnado consegue ser feliz do outro lado da vida, se partir daqui da Terra levando qualquer tipo de viciação, principalmente o vício das drogas, que é considerado gravíssimo pelas Leis Divinas que regem a vida cósmica, acrescendo o fato de que não há um local determinado para os viciados no além. Fala-se muito no Umbral, nas Trevas e no Abismo, mas o viciado em drogas depois da morte não vai para lugar nenhum; porque não sai daqui, fica chumbado ao solo terreno, na busca irrefreável daquilo que mais gosta, se drogar, não se afastando dos locais que frequentava quando vivo, ou seja, a boca fumo, ou endereços onde comprava a cocaína ou maconha, numa atividade sinistra, cuja excentricidade escapa à percepção humana.

Não existe felicidade fechada ou lacrada dentro do ser humano, pois estaria destinada à ferrugem, ao mofo, ou ao apodrecimento, e a felicidade só tem valor quando ela é direcionada para os outros, numa ação em que você faz a felicidade do seu próximo e ele faz a sua, numa troca de valores constante. Quando conseguires plantar nos corações daqueles que te cercam, a alegria e a felicidade, a felicidade dos outros te buscará, onde quer que você possa estar, a fim de implantar em definitivo a tua suprema ventura. A felicidade do viciado em drogas é egoística, só pensa nele, e isso acontece quando consegue se extasiar com o entorpecente, e tanto isso é verdade que o usuário nunca se droga em público, e sim escondido, como se fosse um ladrão, um fora da lei, que está escondendo alguma coisa, e não quer ser apanhado.

A felicidade tanto aqui na vida terrena, como na vida espiritual, não está apenas nas conquistas que fazemos no campo da carne e do espírito, não, está principalmente na capacidade de dividir aquilo que já adquirimos de valor para os outros, a compaixão pela dor alheia, que muitas vezes grassa do outro lado da rua, sem que tenhamos coragem para fazer alguma coisa para minimizar, esperando que depois de algum tempo a dor passe para o lado da nossa rua, entre na nossa casa, devido à indiferença, o pouco caso e muitas vezes o deboche, principalmente nos casos de envolvimento com drogas, quando pessoas desinformadas a respeito da gravidade da situação, e do drama que estão passando os pais do viciado, que o jovem não vale nada, que é preguiçoso, malcriado e insolente, colocando pechas, sem ter conhecimento real da situação, analisando e criticando a partir de hipóteses.

A felicidade abrange todos os graus de hierarquia, e é individualizada em cada espírito, não sendo igual para nenhum espírito, variando muito quanto à satisfação de cada entidade espiritual, mas uma verdade é cristalina: nenhum espírito quando está na inércia, na preguiça, no ócio, no desânimo, na melancolia ou na tristeza encontram a felicidade. O espírito imortal só encontra a felicidade quando está ligado ao trabalho, atividade. Na ação e no desenvolvimento de sua qualidades morais e intelectuais. Nas regiões inferiores existe uma felicidade relativa, depois que chegam ao remorso e ao arrependimento, e iniciam uma arrancada para o caminho do bem, e isso também acontece com os viciados em drogas, que, ao saírem desse labirinto escuro do minotauro da vida, encontram mesmo em doses pequenas a felicidade tão almejada que as drogas não podem dar.

18

A religiosidade dá o anteparo para que os jovens fiquem longe das drogas

> "Se és jovem, não te iludas, contaminando-te, face ao pressuposto de que a cura se dá facilmente.
> Se atravessa a idade adulta, não te concedas sonhos e vivências que pertencem à infância já passada, ansiando por prazeres que terminam ante fugaz e enganosa durabilidade do corpo.
> Se és mestre, orienta com elevação, abordando a temática sem preconceito, mas com seriedade." (Joanna de Ângelis/Divaldo P. Franco. *Após a tempestade*. 8 ed. p. 46.)

Talvez uma das maiores iniciativas de maior rendimento espiritual dentro da Doutrina do Consolador, o Espiritismo, seja a criação do movimento jovem dentro das Casas Espíritas, estimulando os jovens, filhos de pais espíritas ou não, a se reunirem em dias aprazados, e trocarem ideias sobre todos os assuntos pertinente à vida, principalmente aqueles que envolvem os adolescentes e jovens, que poderiam ser perfeitamente tratados com os adultos e idosos, mas certamente deixariam os adolescentes constrangidos, o que não acontece quando a conversa é realizada entre eles, deixando todos à vontade para expressar seus pontos de vista, estabelecer planos no campo da arte, da música, teatro, religiosidade, enfim, uma série de problemas que são resolvidos no próprio grupo.

Dentre os assuntos que normalmente são tratados pelos jovens da Mocidade Espírita, está sem dúvida nenhuma as drogas, devido ao interesse de todos em resolver essa equação da vida tão complicada, e muitas vezes são chamados psicólogos, psiquiatras e outros especialistas no assunto para dissertar sobre o envolvimento dos jovens com drogas; sobre o perigo do uso de entorpecentes; sobre a infelicidade que é levada para dentro dos lares pelos viciados; sobre o comprometimento na vida física e na vida espiritual depois da morte, sobre o risco de vida do jovem, depois de alguns anos de viciação; sobre medidas preventivas e profiláticas contra as drogas; sobre o assédio de traficantes e falsos amigos durante a abordagem, enfim, uma série de recomendações práticas a respeito do envolvimento com drogas, deixando os jovens a par de todos os acontecimentos relacionados com os tóxicos.

A melhor maneira de ajudar os jovens contra o uso de drogas é mantê-los informados corretamente sobre o perigo que geralmente ronda os locais de concentração de jovens. Não adianta ficar colocando defeitos nas drogas, nem dizer que são criminosas, ou fatais para o organismo físico, porque se essas informações funcionassem, ninguém beberia cachaça, ninguém fumaria, e nem praticaria nenhum ato contrário à saúde. O melhor método de informação é aquele que mexe com a consciência do jovem, dizendo a ele que o viciado é alguém que não confia nele mesmo, não confia nos pais, não tem religião, e quer viver fora da sociedade, com liberdade total, sem regras, sem lei e sem limites no seu campo de ação, o que é impossível, porque se somos seres sociais, temos que viver respeitando as regras da sociedade em vivemos, e o viciado é alguém que desrespeita tudo, principalmente a ele mesmo.

O que diferencia o jovem espírita de outros jovens da mesma idade, e que faz com que o adolescente também espírita seja ético, social, solidário, compartilhado, e voltado para as coisas espirituais não é a religiosidade, e nem o fato de ser espírita, mas o fato de ser bem informado sobre a vida futura, sobre a Lei de Ação e Reação, sobre a Lei da Reencarnação, sobre o livre-arbítrio, e principalmente sobre a Lei do Amor, que é a lei maior, que nos unirá todos um dia. É essa a esperança que leva o jovem da Mocidade Espírita a se entregar de corpo e alma aos estudos, buscando sempre os conhecimentos das leis que regem a vida cósmica e sobre as leis dos homens.

Na idade jovem tudo é considerado belo e atraente, e os adolescentes se entusiasmam com qualquer novidade que apareça, por menor que seja, pois vivem à cata de coisa novas, que possam preencher um vazio que ficou com a entrada na juventude, depois de passar anos como criança, tempo em que praticamente não decidiam nada; mas agora não, há uma chance de realizar mudanças e de preferência radicais nesse mundo complicado que encontraram; e como não conseguem, constrangem-se, ficam abatidos, tristonhos, melancólicos, e daí para as drogas é apenas um pequeno passo. Ao jovem espírita é dado o ensejo de conhecer o outro lado da moeda, ou seja, o lado interno, o que você tem por dentro, e que é o maior patrimônio do homem, a mente imortal.

Adquirindo a força mental de que necessita para continuar a vida física, o jovem espírita atravessa qualquer tipo de obstáculo sem nenhum problema. Guiado pela sua consciência imortal, o adolescente da Mocidade Espírita estrutura dentro de si mesmo uma blindagem segura e ética, que nenhum traficante ou falso amigo poderá penetrar, porque estará resguardado pelo silêncio, pela prece e pelo recolhimento, acrescentando que a prática do Culto no Lar é também um antídoto maravilhoso contra as drogas, saneando o interior dos lares com fluidos balsamizantes, alterando o sistema vibracional dos seres humanos, e formando em torno da casa onde se realiza o Culto uma carapaça fluídica intensa de luz, impedindo a passagem de espíritos inferiores que queiram obsidiar os moradores.

19

As drogas levam os usuários, depois da morte, às zonas sombrias da vida espiritual

> "Enleados em forças de baixo padrão vibratório, não apreendem a beleza da vida superior e, enquanto mentalidades frágeis e enfermiças se dobram humilhadas, os gênios da impiedade lhes traçam diretrizes, enfileirando-as em comunidades extensas e dirigindo-as em bases escuras de ódio aviltante e desespero silencioso. Organizam, assim, verdadeiras cidades, em que se refugiam falanges compactas de almas que fogem, envergonhadas de si mesmas, ante quaisquer manifestações da divina luz." (André Luiz/Francisco C. Xavier. *Libertação.* "A palestra do instrutor". Cap. II. p. 26.)

Os ensinamentos espíritas nos dizem que o *umbral*, *as trevas* e *o abismo*, não são locais circunscritos no espaço, ou seja, não estão fixos ali esperando a chegada de espíritos acumpliciados com o mal, porque, na realidade, essas denominações são apenas "estados da alma", que é o que o espírito leva para o outro lado da vida, depois que atravessa as águas enigmáticas do rio da morte. Depois da morte ocorrem a afinidade fluídica e a atração espiritual, aglomerando em determinados locais do espaço essas comunidade extensas, como bem assinala o André Luiz em seu livro *Libertação.*

Espíritos endividados com todos os tipos de crimes procuram após a desencarnação, companheiros e companheiras com as mesmas tendências, os mesmos pendores, os mesmos vícios, os mesmos desejos, as mesmas paixões. Assim sendo, alcoólatras atraem alcoólatras, sexólatras atraem sexólatras, avarentos atraem avarentos; mentirosos, ciumentos, prepotentes, autoritários, maledicentes, despeitados, maldosos, perversos, cruéis e corruptos, atraem entidades espirituais com pendores e tendências iguais; e o mesmo acontece com os viciados em drogas, que se veem do outro lado da vida, rodeados de espíritos envolvidos com drogas, desde os iniciantes, até aqueles que perderam até o poder do pensamento, devido ao número excessivo de anos em que se locupletam com a viciação dos entorpecentes.

Esses acampamentos ou bivaques do espaço, onde vivem comunidades extensas de drogados de toda a espécie; porque existem muitos tipos de drogas que ainda são desconhecidas no Brasil, principalmente aquelas que circulam nos países asiáticos, e que são mais fortes e perigosas do que a maconha, o *crack* e a cocaína, provocando morte imediata se a dose for excessiva, estão acantonados todos aqueles que partiram para o além, sem que tenham resolvido o problema com as drogas, e ali permanecem por tem indeterminado, usufruindo do ambiente nocivo em que se encontram, à espera de um milagre, muito difícil de acontecer.

As preces das mães que perdem os filhos pela ação das drogas, principalmente quando a desencarnação chega em razão da violência, ou seja, são assassinados, chega até esses acampamentos sombrios e escuros da espiritualidade, e provoca de alguma forma um alívio temporário no viciado em drogas que foi parar ali graças à afinidade fluídica; mas não resolve a situação do usuário, que continua dominado pelo desejo de continuar se drogando, o que só consegue com a ajuda de terceiros, que já estão ali há muito tempo, e encontraram meios de sobrevivência no campo dos tóxicos; voltando à Terra e visitando locais de libações alucinógenas, onde se fartam com os encarnados apegados ao uso dos entorpecentes.

De um modo geral, com raras exceções, a situação do viciado que morre sem que tenha se livrado da viciação, só pode ser resolvida através de novas reencarnações, em que volta com as mesmas inclinações, mas de alguma forma com recursos, que se usados com inteligência poderão tirá-lo do cipoal da dependência física e principalmente da dependência psíquica no campo dos entorpecentes. Quando recebem a graça da nova reencarnação, os novos andarilhos do espaço, agora vestindo novamente uma indumentária carnal, ganham o esquecimento de vidas passadas como presente divino, apagando-se por automatismo as lembranças dolorosas do envolvimento com drogas, a fim de que possam reiniciar uma jornada nova no caminho da redenção.

Junto a esses endividados da vida eterna, que estão à procura da paz íntima da consciência imortal, descem até a Terra espíritos bondosos e amigos, no grupo familiar dos ex-viciados, a fim de ajudá-los a vencer essa prova tão difícil, e esses espíritos nada mais são que membros da parentela familiar, que angariaram recursos no mundo físico e espiritual, ou seja, por intermédio de laços fraternos e de amizade, estando em condições de prestar os serviços de apoio aos impenitentes do mundo das drogas, e aqui chegam na situação de pai, de mãe, de avô, de avó, de irmão, de tio, esposa ou esposo, com a única finalidade de recambiar a ovelha desgarrada para o redil, mesmo sabendo que será uma vida de sacrifícios, de dores e sofrimentos junto aos ex-viciados, que em dado momento de suas vidas voltarão a necessitar das libações tóxicas, e por isso todo cuidado é pouco; iniciando o trabalho a partir do período de criança, passando pela juventude, até a idade adulta, e só descansando quando o impenitente alcançar a terceira idade.

20

Os vampiros do espaço agem sobre os viciados em drogas

“Formam associações enormes e compactas, com base nas emanações da Crosta do Mundo, onde milhões de homens e mulheres lhes sustentam as exigências mais baixas; fazem vida coletiva provisória à força de sugarem as energias da residência dos irmãos encarnados, qual se fossem extensa colônia de criminosos, vivendo a expensas de generoso rebanho bovino.” (André Luiz/Francisco C. Xavier. *Libertação*. “A palestra do instrutor”. p. 34.)

As entidades espirituais que aqui na Terra se acumpliciaram com o mal, principalmente no campo dos entorpecentes, chegam às regiões inferiores do espaço, onde vão viver em regime de compartilhamento com outros da mesma índole, totalmente enfraquecidos, pela falta de vitalidade psíquica necessária ao organismo perispiritual e mental, e como não possuem inteligência e nem trabalhos organizados para a alimentação, e também fontes de energia própria, procuram nos encarnados, em especial naqueles que se afinam com seus propósitos, as fontes de energia de que necessitam, procurando certamente em criaturas encarnadas frágeis e invigilantes, que fornecem esses recursos muitas vezes inconscientemente, por desconhecer que nossos pensamentos, atos e sentimentos é que determinam o tipo de companhias que vamos ter.

Encarnados que estejam em dívidas em qualquer campo do mal são presas fáceis desses vampiros do além, que não são demônios, como afirmam nossos irmãos evangélicos, mas espíritos, cruéis, perversos, que se locupletam com as energias dos encarnados viciados em drogas, quando esses usuários desencarnam são esperados do outro lado da vida, por esses algozes que mesmo antes da morte mantinham um entrelaçamento íntimo com os cultuadores de entorpecentes.

A Lei de Ação e Reação, que é uma das leis divinas que regem a vida cósmica mais duras, garante que ninguém ficará sem punição, mas a cobrança é sempre justa, sem deixar de pedir o ressarcimento justo, correto e integral por parte do devedor, sem que haja protecionismo, e muito menos subterfúgios, para que o espírito culpado possa se isentar da culpa. A Lei Divina é portanto diferente das leis dos homens, quando se comete crimes graves, mas que por ser pessoas ricas ou influentes ludibriam a justiça com excelentes advogados, ficando muitas vezes totalmente isentas da culpabilidade.

Somente por meio da reencarnação e em provas e expiações dolorosas consegue o viciado em drogas se reajustar diante de Deus, dos homens e da vida, mas o assédio dos vampiros do além, perturbando dia e noite, é muito doloroso para o usuário de drogas, principalmente quando se trata de jovens desencarnados, muitas vezes por meio de assassinatos ligados ao tráfico de tóxicos, o que deixa o espírito depois da morte, em razão de possuir uma mente ainda débil, sem muitos recursos na experiência da vida, e aí o único jeito que encontram esses jovens no além é apelar para membros da parentela familiar, de preferência os pais, pedindo socorro dia e noite, o que faz com que espíritos que ajudam nesses locais de sofrimento, choram com eles.

Outro detalhe importante é que o arrependimento e o remorso são dois antídotos maravilhosos para se iniciar um processo de reparação dos erros, mas só serve para isso, não são para o infrator nenhum mérito para que ele possa alçar de imediato posições privilegiadas no espaço, e sim para que continue lutando, trabalhando sem cessar, para que a ação do trabalho possa diluir os enganos de que se fez merecedor, aguardando com paciência que seja libertado pela própria consciência, que é ao mesmo tempo nosso promotor, advogado e juiz, aqui ou depois que atravessamos as águas enigmáticas do rio da morte.

Todos os filósofos, pensadores, escritores, recomendam o hábito da prece, do silêncio, do recolhimento e do Culto no Lar, e se as pessoas se conscientizassem disso, parte dos problemas dos viciados seriam resolvidos, porque aqueles que partem para o além com o vício das drogas, mas que de alguma forma sabem orar, silenciar, se recolher, e voltar o pensamento para Jesus, dificilmente serão abordados pelos vampiros do mundo espiritual, mesmo sendo comprometidos com o uso de entorpecentes.

A cobrança do outro lado da vida, para aqueles que se comprometeram com o uso de drogas, é exata e paciente, progressiva e detalhada, e enquanto não houver uma reparação completa, a dívida permanecerá em aberto e continuará o saldo devedor, porque não haverá nenhum tipo de protecionismo para ninguém, e todos passarão pelos processos da Justiça Divina, e a melhor maneira de ajudar os desencarnados toxicômanos é amá-los sem exigências, sem observações que possam diminuí-los ou provocar constrangimentos, mas realizar abordagens amorosas, ganhando a confiança aos poucos do viciado, e só depois de muito tempo iniciar o convencimento de que não se deve entregar a nenhum tipo de viciação, porque isso tolhe o pensamento, obstrui a mente e deteriora os sentimentos.

21

Ninguém consegue ser feliz usando drogas

> "A pretexto de comemorações, festas, decisões, não te comprometas com o vício das drogas. O oceano é feito de gotículas e as praias de imensuráveis grãos de areia.
> Liberta-te do conceito: 'hoje só', quando impelido a comprometimentos perniciosos e não te facultes: 'apenas um pouquinho', porquanto uma picada que injeta veneno letal, não obstante em pequena dose, produz a morte imediata. Se estás bafejado pela felicidade, sorve-a com lucidez. Se te encontras visitado pela dor, enfrenta-a, abstêmio e forte." (Joanna de Ângelis/Divaldo P. Franco. *Após a tempestade*. 8 ed. p. 50.)

O preparo físico e espiritual do jovem que não faz o uso de drogas pode ser notado em todos os sentidos, porque se apresentam sempre com um sorriso aberto, próprio da idade que ostentam, um semblante alegre, despretensioso, um olhar brilhante e seguro, como se buscasse dentro de cada adulto alguma coisa que ele ainda vai conquistar; caminham sem medo, sem receios, confiantes e destemidos; prontos para enfrentar as dificuldades naturais que atingem a todos, sem procurar novidades fora da área de ação das pessoas de sua idade, mas mantendo um compartilhamento saudável com os mais velhos e experientes, recolhendo informações preciosas que vão lhe servir de anteparo nas suas experiências no campo da carne e do espírito.

Ter jovialidade é ter vontade de conhecer, de tentar, de sentir; é ter esperança, é ter encantamento, é viver em festa, sentir o prazer sem embargo, sem segredos, porque o prazer escondido, secreto e proibido por Lei, acaba por saturar, por perverter, trazendo consequência dolorosas para o infrator. Ser jovem é ter vida, e saber conduzi-la com sabedoria, buscando sempre novas oportunidades de trabalho, avançando sempre para novos horizontes, seguido sempre na linha reta, porque qualquer desvio de conduta pode trazer o desengano, o arrependimento e o remorso, principalmente quando se decide as coisas às pressas, sem um questionamento consciencial, caindo em armadilhas de velhacos, dando lugar a pesadelos e amarguras, principalmente no campo do uso das drogas.

Mocidade é fé, coragem e determinação, no entanto, só a sabedoria conquistada com o trabalho e a ação do tempo pode conduzir a vitalidade do jovem na direção da paz, alegria e felicidade, sem o perigo iminente do desânimo e da fraqueza, que muitas vezes se apossam dessas almas em desenvolvimento, deixando-as abatidas, desalentadas, fazendo com que muitas vezes procurem buscar ânimo em experiências extravagantes como o uso de drogas, que produz uma alegria e um prazer temporário, para logo depois se transformar em tristeza, melancolia, abatimento e nostalgia. Ser jovem é ter presença de espírito para identificar o que é bom, o que é ético e social, numa busca incessante de novos valores da vida, a fim de colimar os projetos de elevação para Deus.

Os jovens que se entregam a todo tipo de viciação, seja o fumo, o álcool, o jogo, as drogas ou o sexo desregrado, envelhecem antes do tempo, por fora e principalmente por dentro, porque só rejuvenesce quem adquire valores espirituais, valores da alma, que é a diretriz do corpo físico, esse instrumento maravilhoso doado por Deus, e que muita gente não valoriza, entregando-o à mercê das libações de drogas, maculando esse organismo físico que não foi feito para assimilar veneno, mas para dar ao espírito imortal, esse viajor da eternidade, esse nômade do espaço, esse andarilho do infinito, as condições necessárias, de suprir as necessidades do espírito nessa caminhada milenar em direção das estrelas.

A vida física e espiritual, onde quer que ela se desenvolva, só pode ser alcançada em plenitude se houver contributo da reflexão, porque perturbar a ordem dos valores é perturbar o equilíbrio, é fugir dos requisitos necessários para que ela possa fluir com segurança, levando o jovem sem drogas ao porto seguro, onde certamente encontrará o seu verdadeiro destino, que é a paz, a alegria e a felicidade. Conhecer Jesus ainda em plena juventude é uma honra que todos os adolescentes e jovens deviam disputar, é uma bênção de inapreciável significação, preparando demorada realização no campo das virtudes celestes. Jesus é o amigo por excelência, que pode guiar o jovem nesses primeiros anos de juventude, em que tudo é novo, tudo é enigmático para o jovem, e se ele não tiver o respaldo de Jesus, o maior dispensador de bens eternos do mundo, certamente sucumbirá, sob as teias sombrias das viciações terrestres.

A sofreguidão pela busca incessante de prazeres extravagantes leva o jovem ao desastre, porque o gozo precipitado é sempre um débito, que terá que ser pago a qualquer momento, e muitas vezes esse débito é tão grande que muitos não conseguem pagar; portanto, não tenha pressa em conseguir o que deseja; trabalha e ora a Deus e a Jesus, aguardando as surpresas do tempo, porque será o tempo que trará até você tudo o que almejou, para se conseguir isso é necessário sinceridade e transparência nos atos, pensamentos e sentimentos, não se arrojando nunca na intoxicação das drogas viciadoras, que levam ao desvario, levam à miséria moral, ao desespero e muitas vezes à morte.

Preserva-te em seu lar ao lado de seus pais o quanto possível, executando um trabalho fraternal de caridade, gastando tuas forças jovens e dinâmicas nos deveres éticos e sociais, na aquisição do pão material e na conquista da carreira profissional que pretendes abraçar, aguardando que os dias se sucedam com tranquilidade, estruturando a produção de sua felicidade e da sua harmonia com a vida. Se te mantiveres pleno e consciente dos seus deveres, os benfeitores espirituais que zelam pela sua vida aqui na Terra e que são teus fiadores na experiência evolutiva, estarão sempre junto de você, principalmente nos momentos de dificuldades e angústia, a fim de aliviar suas tensões, suas amarguras, suas dores e seus sofrimentos.

22

As drogas e as informações da mídia

"A má imprensa, orientada quase sempre de maneira perturbante, por pessoas atormentadas, colocada para esclarecer o problema, graças à falta de valor e de maior conhecimento da questão, por não se revestirem os seus responsáveis da necessária segurança moral, tem contribuindo mais para torná-lo natural do que para libertar os escravizados que não são alcançados pelos "*slogans* retumbantes", porém, vazios das mensagens, sem efeito positivo.

O cinema, a televisão, o periodismo dão destaque desnecessário às tragédias, aumenta a carga de informações que chegam vorazes às mentes fracas, aparvalhando-as sem as confortar, empurrando-as para as fugas espetaculares por meio dos tóxicos e de processos outros dissolventes ora em voga.

Líderes da comunicação, ases da arte, da cultura, dos esportes não se pejam de revelar estimulantes que os sustentariam no ápice da fama, e, quando sucumbem, em estúpidas cenas de autodestruição consciente ou inconsciente, são transformados em modelos dignos de serem imitados, lançados como protótipos da nova era, vendendo as imagens que enriquecem os que sobrevivem, de certo modo causadores de sua desgraça. Não pequeno número, incapaz de prosseguir, apaga as luzes da glória mentirosa nas furnas imundas para onde foge: presídios, manicômios, sarjetas, ali expiando, alucinado, a leviandade que o mortificou." (Joanna de Ângelis/ Divaldo P. Franco. *Após a tempestade*. 8 ed. p. 45.)

Existem fatores determinantes que influem na divulgação e disseminação das drogas no Brasil. Os meios de comunicação estão em primeiro lugar, não por maldade dos responsáveis pelos jornais, revistas, programas de televisão, de rádio, teatro e outros, mas pelo simples fato de que o que é ruim tem sempre uma divulgação maior, porque vende mais, chama atenção das pessoas de uma forma mais direta, sem reservas, sem pudor, numa ação que passa despercebida pela maioria das pessoas, como acontece com os festivais de música *pop* e de *rock*, em que todo mundo sabe que durante as apresentações dos artistas que quase sempre são usuários de drogas, a juventude ali estacionada aos milhares consomem entorpecentes, cigarros e álcool à vontade, sem nenhuma proibição, e mesmo os seguranças da festa, de várias correntes policiais não intervêm no movimento dos jovens, porque recebem ordens para isso, e a justificativa é simples: a grande maioria dos jovens que vão a esses festivais são filhos de pessoas importantes, acrescendo o fato de que muitos artistas conhecidos, cantores também famosos, comparecerem a esses locais.

Empresários ávidos pelo lucro fácil e patrocinadores desses festivais contratam a peso de ouro artistas internacionais famosos no mundo inteiro, com suas bandas, com suas excentricidades, e até mesmo com suas loucuras, e, com raras exceções, quase todos são viciados em drogas, o que não é um bom exemplo para ninguém. No entanto, são tratados pela mídia de forma excepcional, como heróis no campo da música e no campo social, quando na realidade, de vez em quando, um desses companheiros aparece nas páginas de jornais e revistas respondendo processos na justiça por uso de entorpecentes.

Os jovens que comparecem a esses festivais se enlouquecem durante a apresentação dos conjuntos e das bandas, porque o ritmo é frenético, os artistas movidos pelas libações do álcool, do fumo e das drogas, também se tornam frenéticos, e os jovens apreciadores dessas músicas que são tocadas em tom altíssimo acompanham essa liderança sombria dos músicos, mas para isso necessitam das drogas, para permanecerem "acesos" como dizem, uma vez que a cantoria vara a noite e entra na madrugada, só terminando muitas vezes às dez horas do dia seguinte.

Esse movimento musical desperta nas crianças e adolescentes, mas que não podem adentrar nesses festivais, uma curiosidade e um desejo de participar desses festivais, e muitos conseguem entrar clandestinamente, subornando os guardas ou falsificando os documentos de identidade. Quando ocorre uma revista rigorosa junto aos jovens que participam do festival, muitos adolescentes menores de idade são apanhados de surpresa, e a punição é simplesmente a retirada do local e o encaminhamento à casa dos pais, que na maioria dos casos não sabiam que o filho ou filhos estavam participando de uma festa para adultos.

Os meios de comunicação veiculam notícias de todo o tipo, e muitas vezes não são verdadeiras, ou então, contêm diretrizes tendenciosas, preconceituosas, ambíguas ou distorcidas, e isso precisa ser fiscalizado pelas autoridades responsáveis, porque a televisão por exemplo entra nos lares indiscriminadamente, e exibe às vezes valores éticos de consumistas, que muitas vezes não são adequados à formação e educação dos filhos ou de alunos, e tudo isso na presença dos pais, avós, tios, irmãos, sem que ninguém possa fazer absolutamente nada, porque é considerado normal; e apesar dos aparelhos eletrônicos possuírem um botão para desligar, ninguém aperta esse botão.

A qualidade do que pode ser visto pelas crianças e jovens é determinada pelo exemplo dos pais, que devem pautar a programação televisiva ou de rádio, na ética dos bons costumes, não permitindo sintonia com programas de nudismo, de violência declarada, de jogo de azar, de anedotário chulo ou piada de mau gosto, porque se isso acontecer as crianças e os jovens vão seguir por imitação. Infelizmente existem pais que levam para dentro do lar filmes pornográficos, as cenas ali contidas são explícitas, e deixam esses DVDs em qualquer lugar da casa, à mostra, e quando as crianças ou jovens estão sozinhos, a primeira coisa que vão fazer é passar esses filmes nocivos à mente ainda embrionária dessas crianças e desses jovens.

Ao selecionar só o que é bom para o adulto, automaticamente estará selecionando o que é bom para as crianças e para os jovens, porque a ética, os bons costumes, a transparência, a lealdade e a responsabilidade servem para todos. Não seja você o corruptor do seu filho, ensinando-o a fumar, a beber e a outros vícios que denigrem a personalidade humana, mas procure conduzi-lo para o caminho do bem, implantando em sua mente ideias nobilitantes, enobrecedoras, altruísticas, cheias de alegria, paz e felicidade, mostrando um mundo bom, em que as pessoas possam viver em paz, sem tormentos, sem medo, sem reservas e sem tremores, mas com altivez, com fé, coragem, e determinação.

23

O usuário de drogas deve ser tratado como um enfermo espiritual

> "Na vida depois da morte é fatal o espírito se deparar com acontecimentos de grande penetração íntima: o encontro com a própria consciência; o reencontro com vítimas; defrontando-se com os inimigos e adversários; o encontro com os amigos das vítimas, que lhe depositam antipatia e ódio declarado; a revisão constante nos arquivos da memória, como num filme cinematográfico vivo de seus crimes e más ações; e a presença de espíritos inferiores dominadores que se comportam como juízes implacáveis dos que cometeram faltas graves na vida corpórea.
>
> Na vida no além-túmulo começa para todo espírito culpado o drama doloroso, o calvário interno, o tribunal da consciência atormentada, que se vê com impossibilidade absoluta de fugir ou esconder-se dos algozes ou das vítimas; dos inimigos, e de anular os efeitos negativos e cruciantes de seus crimes." (Walter Barcelos. *Justiça e felicidade*. "O arrependimento". p. 202.)

O uso de qualquer tipo de entorpecentes é uma enfermidade espiritual e pode ser enquadrada como simbiose espiritual, ou seja, "obsessão", e em determinados caso como "subjugação", que é quando uma entidade espiritual, não esclarecida das Leis Divinas, domina um outro ser, impondo sua vontade absoluta, vampirizado-a, tiranizando-o à vontade; e isso porque quando viva na carne, se situava numa faixa de dependência total, desprezando o tratamento clínico e principalmente espiritual, tornando-se com o tempo e o uso constante de drogas uma espécie de zumbi, e depois da morte, liberto do corpo físico, continua agregado às impressões mais deletérias, ávido de sensação das mais inferiores, tornando-se com grande infelicidade um autêntico vampiro espiritual, à procura de uma vítima, igualmente a ele, do abrasador vício das drogas.

Em contato diário com os viciados encarnados, os desencarnados, que do outro lado da vida continuam com a viciação, sugam os vapores, exatamente a parte etérea das drogas, com avidez, retirando-a da atmosfera física e do perispírito do ser viciado. Na realidade existe uma verdadeira simbiose, ou seja, uma associação de hábitos, tendências, e desejos, que se conjugam, para satisfazer o possuidor e o possuído, quando o primeiro torna-se parceiro do segundo, induzindo-o com persistência ao vício desejado com tanta satisfação, com os dois, encarnado e desencarnado, prazerosos com as libações mortíferas, não se satisfazendo nunca, e geralmente partem para a busca de outros encarnados nas bocas de fumo das redondezas, mergulhando todos no lamaçal do vício.

No exato momento em que absorve a essência extrafísicas da droga, o desencarnado igualmente absorve a energia vital do comparsa, ato extremamente gratificante para si, tendo em vista que possuindo uma vestimenta espiritual excessivamente densa, e sua capacidade de haurir energia natural, necessita com voracidade desse grosseiro alimento que é a droga. É muito importante que o viciado procure o tratamento espiritual necessário, sabendo de antemão que a cura só acontece a partir do próprio paciente, que procura com o próprio esforço o restabelecimento de sua saúde, aí vai uma frase muito conhecida pelos irmãos que ajudam no tratamento de viciados em drogas: "Substitua os velhos amigos viciados em drogas por amigos abstêmios de qualquer tipo de entorpecentes."

Essa relação promíscua dos viciados encarnados com entidades inferiores do Umbral, Trevas e Abismo é mais comum do que possamos imaginar, porque sendo os espíritos do Além as mesmas pessoas que viveram na Terra, compartilhando as mesmas atividades que executamos agora, não são diferentes de nós, e mesmo tendo perdido o corpo físico, continuam exatamente os mesmos, sem mudar absolutamente nada; não se transformaram nem em santos, nem em sábios e nem em demônios, e sim continuam exatamente como eram quando no corpo de carne, e as viciações que ostentam do outro lado da vida são as que levaram daqui, porque no além não existem armadilhas esperando o homem terreno que desencarna; nós é que levamos essas armadilhas, devido a nossa intemperança mental, ao nosso ódio, rancor, ressentimento, maldade, crueldade, ciúme, mentira, autoritarismo, prepotência, falsidade, maledicência, e os vícios do álcool, do jogo, do fumo, das drogas e do sexo desregrado.

A viciação em drogas é de difícil cura porque depende, na maior parte, do empenho do usuário de entorpecentes, aliado ao apoio da família, que representa um papel preponderante na cura de viciados em drogas; como também a internação em instituições especializadas, onde eles possam ficar isolados e tranquilos, de preferência em fazendas afastadas das grandes cidades, e sem contato direto com muitas pessoas, até mesmo para evitar o assedio dos traficantes, que estão por toda parte. Contando com uma boa equipe de médicos, psicólogos, psiquiatras, sociólogos, e pessoas amigas que tenham pelo viciado amor sincero, é perfeitamente possível uma cura total, depois de muito tempo de tratamento físico e espiritual. Durante o tratamento do vício em drogas é muito importante incluir no tratamento a religiosidade, como necessária para evitar uma recaída, sem distinção de religião, ficando por conta do paciente a escolha da que mais lhe agrada.

O local geralmente isolado e longe do burburinho das grandes cidades serve também para afastar os curiosos, que geralmente aparecem nessas horas difíceis, não para ajudar, mas para dar palpites, que no mais das vezes só atrapalha, confundindo ainda mais os dependentes de drogas, que precisam ficar tranquilos e de preferência sozinhos, a fim de que possam colocar em dia os pensamentos, certamente totalmente desorientados e desequilibrados. Com a ajuda do silêncio, da prece e do recolhimento, os resultados são sempre favoráveis, ao contrário do vozerio, do tumulto, e da conversação sem utilidade, que no mais das vezes o usuário de drogas não quer ouvir. Então a técnica maior nesse tratamento tão difícil é só se dirigir ao dependente de drogas se for absolutamente necessário, o mesmo acontecendo com as palavra; só falar o básico, para deixar o enfermo livre com seus próprios pensamentos.

O tratamento dos viciados em entorpecentes deve também contar com a ajuda de instituições especializadas no apoio aos viciados de toda a sorte, e nos dias de hoje existem dezenas delas em quase todo o território nacional, mas as famílias dos dependentes de drogas ainda têm uma certa desconfiança desses anjos da harmonia, que se empenham denodadamente no amparo aos necessitados de conselhos e tratamento de drogas, mesmo carecendo de recurso financeiros, como acontece com muitas delas. Mesmo que os resultados obtidos por essas instituições sejam pequenos, e realmente o são, seria muito pior se elas não existissem, porque representam um ato de solidariedade, de caridade e apreço pela vida humana, principalmente quando o socorro prestado por elas é direcionado para viciados pobres, sem nenhum recurso, e que dificilmente sairiam da viciação se não contassem com a ajuda desses seareiros do bem.

24

O usuário de drogas está sempre sensível às doenças transmissíveis

"Toda criatura humana tem seu lado de sombra e de luz, de imperfeição e de virtude, de ignorância e de sabedoria, de acerto ou desacerto, da poluição das paixões ou higiene dos bons sentimentos, da enfermidade dos defeitos ou a saúde das virtudes. Nesse mundo solitário e único, vive a alma todo o tempo, minuto a minuto, convivendo intensamente com sua sucata moral, ou com um bom material. O grau de pureza ou impureza varia de espírito para espírito, e quanto maior for o grau de pureza ou impureza, mais sofrimento; caso contrário, maior será a felicidade. Seremos sempre o resultado do que estamos fazendo de nós mesmos, empregando o zelo ou o descuido, responsabilidade ou relaxamento, atenção ou indiferença para com as coisas do espírito." (Walter Barcelos. *Justiça e felicidade*. "O estado íntimo da alma". p. 25.)

Considerada o mal do século e uma das enfermidades mais temidas do mundo, e também a de maior proliferação entre os humanos, a AIDS, que surgiu nesse século XX, de forma arrasadora, dizimando milhares de pessoas por meio da contaminação pelo uso de drogas injetáveis e outras formas de transmissão dos vírus, que encontra nos viciados em entorpecentes um campo fértil de infecção, retirando do corpo físico dos pacientes a segurança imunológica, deixando o organismo físico à deriva.

Ao destruir o sistema imunológico do corpo somático ela faz com que qualquer enfermidade, por mais simples que ela seja, leve o paciente portador da AIDS ao óbito; ficando claro que o que mata não é o vírus dessa doença terrível do século, e sim a ausência dos anticorpos naturais do corpo físico, que sem esses microrganismos perde a vitalidade e chega à desencarnação.

E muito comum quando aparece uma enfermidade de difícil cura e difícil diagnóstico, como é o caso específico da AIDS, as autoridades de qualquer nação se aproveitarem para creditar em cima dessas doenças tudo que de ruim está acontecendo, e também, para discriminar determinados grupos de pessoas, afirmando em entrevistas que tais enfermidades só atingem os homossexuais, os viciados em drogas injetáveis, os cultuadores do sexo desregrado, os pedófilos, como se isso trouxesse a cura em definitivo da epidemia.

Foi assim por muito tempo com a hanseníase, com a tuberculose, com a sífilis, com a gonorreia, o cancro, e ultimamente com a AIDS. Isso durou muito tempo, ocorrendo segregação de companheiros e companheiras que declaravam suas opções sexuais. No entanto, com o passar do tempo, descobriu-se que o vírus da AIDS podia contaminar qualquer um, sendo ou não passivo na atividade sexual, demonstrando de uma forma cabal e completa que esse tipo de enfermidade é cármica, buscando com exclusividade quem tem compromissos com o passado, e que uma vez reencarnado nada fez para diluir as faltas gravíssimas da retaguarda da vida.

Por outro lado, não podemos deixar de informar que as pessoas que fazem o uso de entorpecentes, em especial aqueles que são injetáveis, correm um risco muito maior em se tratando de contaminação, não pelo fato do vírus escolher quem toma injeção, mas principalmente pela promiscuidade na forma como são aplicadas as chamadas doses de cocaína e heroína nos usuários, sem nenhum cuidado com a higiene; e em determinados locais, em que os viciados não possuem poder monetário à altura das despesas com a manipulação e as seringas, aplica-se doses em vários usuários com a mesma injeção, sem se importar com a contaminação que nesses casos é direta.

Desde que essa enfermidade apareceu na face da Terra, milhares de seres humanos foram contaminados e milhares morreram por falta de medicação especializada, principalmente em países da África e do continente asiático. No Brasil morreram centenas de pessoas, e só agora, depois de alguns anos, é que apareceram remédios que minimizam a ação da AIDS, que continua matando abertamente, porque na realidade ainda não se descobriu a cura definitiva, e o que temos são paliativos que prolongam a vida dos pacientes, mas mesmo assim isso só ocorre quando o enfermo muda hábitos e pendores, ajustando sua vida na prática do amor e da caridade para com os outros.

Dizer que o sexo é o vilão dessa história da AIDS é apequenar a ação terrível desse vírus com superpoderes; mas de outro modo não podemos descartar que, tanto os cultuadores do sexo desregrado, como os frequentadores assíduos de casas de prostituição, como também usuários de drogas, são candidatos em potencial no processo de contaminação pela AIDS. Contamina-se também nos hospitais quando se faz cirurgia com transfusão de sangue; na doação de sangue voluntariamente; no cuidado do diabetes, quando se tem que tomar injeções. Uma coisa é certa, e isso os irmãos espirituais falam em todos os livros, o comprometido com o mal atrai com muito mais intensidade qualquer tipo de doença.

Quando se trata de usuários de drogas, não só os que são viciados nas injetáveis, como também na maconha e o *crack*, o perigo de contaminação é muito grande, porque o organismo físico do viciado fica debilitado, sem força vital, enfraquecendo os anticorpos, que fazem a segurança imunológica das bilhões de células do organismo somático, e com eles fora de combate qualquer enfermidade toma conta do corpo físico, dando a qualquer tipo de doença uma força que elas normalmente não têm, instalando-se de forma efetiva, em muitos casos levando à morte.

25

Retrospecto geral do que foi dito sobre o uso de drogas

Sintetizando o conteúdo desse livro simples e direto, chegamos à conclusão de que atravessamos um período difícil na formação dos nossos jovens, que por motivos vários fazem incursões no mundo das drogas, às vezes conscientemente, ou inconscientemente, levados por terceiros, que pode ser um amigo, um irmão, um professor ou um médico, não importa. O importante é o jovem ter uma estrutura forte, baseada na informação e na religiosidade, a fim de que ele próprio possa se defender das investidas cada vez mais acirradas dos traficantes, que estão por toda a parte, nos colégios, universidades, bailes noturnos, boates e até mesmo festinhas de aniversário.

A saída mais rápida para a diminuição do tráfico de drogas certamente seria estancar a sangria no início do processo de fabricação, ou seja, procurar atingir o responsável pelo produto, causando prejuízo ao seu negócio nefasto, e para isso necessitaríamos de equipes especializadas em descobrir fontes de alimentação das drogas, o que não é tão difícil assim, bastando vontade firme das autoridades e um trabalho de investigação sério, com os investigadores vasculhando tudo, até achar esses pequenos laboratórios, escondidos por trás de pequenas fábricas de fachada, mas que no interior escondem essa fonte que alimenta o mercado de drogas.

É muito comum ouvirmos notícia de que foram apreendidas toneladas de drogas, e uma semana depois o mercado já está abastecido de novo, deixando claro que os fabricantes possuem um estoque pronto para substituir o que for apreendido; mas a pergunta que se faz é a seguinte: por que só procuram traficantes e viciados? Por que não procurar também e com muito mais intensidade os fabricantes? Onde estariam esses celerados, esses perversos, esses cruéis, esses assassinos gradativos e homeopáticos de jovens indefesos? Certamente não estariam nem nos morros nem nas favelas, e sim em apartamentos de luxo, em hotéis igualmente de luxo, ou em mansões edificadas em bairros de classe alta, de onde à beira da piscina comandam muitas vezes os crimes que são cometidos contra os viciados em drogas.

O dia em que as autoridades civis e militares empreenderem uma caçada sem tréguas aos fabricantes de drogas, não vai nem precisar prender os traficantes, porque eles não teriam o produto para vender, e de um modo geral são tão infelizes quanto os viciados, e não consta que nenhum deles seja milionário e sim que more em favelas e morros, numa promiscuidade incrível com os usuários de drogas, e no mais das vezes o traficante é também um viciado. Que o traficante é perigoso não há a menor dúvida, mas o fabricante, aquele que financia o tráfico, é muito mais perigoso, muito mais perverso, porque já está provado que, por trás do tráfico de drogas, existem pessoas com nível cultural altíssimo, portanto, com conhecimento necessário para não se envolver com crimes.

Outro fator negativo que influi no combate ao uso de drogas é a opinião muitas vezes maldosa e inconsequente de artistas de rádio, televisão, de cinema, de teatro, que querendo aparecer na mídia dizem que usar drogas não faz mal; que a maconha deveria ser liberada; que a sociedade é careta, não permite nada; e que em países do primeiro mundo todo mundo fuma à vontade, esquecendo que as notícias que vêm de fora dão conta de mortes por *overdose* de artistas famosos, de prisões em público também desses privilegiados da arte, que passam por vexames incríveis, detonando muitas vezes a própria carreira artística.

Outro detalhe também importante é que os nossos tribunais de justiça, desde os mais baixos, até a Suprema Corte (STF), são coniventes com muitos dos crimes cometidos na área do tráfico de drogas, principalmente quando se trata do usuário, pois dizem que são inocentes, que são obrigados a se drogar, como se os viciados não tivessem vontade, não pudessem utilizar o livre-arbítrio para escolher. Já existem vários projetos de lei vetando a punição para os usuários de drogas, e se passar nas duas casas do Congresso Nacional teremos em pouco espaço de tempo a vulgarização do uso de drogas.

A chamada "marcha para a maconha" foi uma ideia infeliz de várias pessoas, incluindo políticos, filósofos, professores, escritores, artistas de cinema, rádio, televisão, teatro e contou com o beneplácito do Supremo Tribunal Federal, que liberou a marcha e teve até um Ministro que ao proferir seu voto disse a simples gracinha: "Que mal se pode fazer numa marcha para a maconha? O que se pode fazer de errado lá?", perguntou o Ministro. Olha, Sr. Ministro, numa marcha para maconha, as pessoas fumam maconha, agora, se isso é normal e inocente para a V. Exma., que se sente vaidoso ao jogar a capa da toga de um lado para o outro, fica difícil resolver essa luta hercúlea, e muitas vezes inglória, para salvar nossos jovens desses perversos e cruéis, manipuladores desse hábito maldito.

Referências Bibliográficas

BARCELOS, Walter. *Justiça e felicidade*. São Paulo: Didier.

Bíblia Sagrada. São Paulo: Edições Paulinas, 1990.

FILHO, Wanderley Rebello. *Drogas – Por quem nunca usou*. Rio de Janeiro: Letra Capital.

FRANCO, Divaldo Pereira. *Adolescência e Vida*. Pelo Espírito Joanna de Ângelis. Salvador (BA): LEAL.

____. *Após a tempestade*. Pelo Espírito Joanna de Ângelis. Salvador (BA): LEAL.

KARDEC, Allan. *O Céu e o Inferno*. Rio de Janeiro: FEB.

XAVIER, Francisco Cândido. *Libertação*. Pelo Espírito André Luiz. Rio de Janeiro: FEB.

____. *Fonte Viva*. Pelo Espírito Emmanuel. Rio de Janeiro: FEB.

Instituições e Casas de atendimento e socorro aos dependentes de drogas

ABEAD
Associação Brasileira de Estudos do Álcool e Outras Drogas S/A.
Rua Diniz Cordeiro, 19 - Botafogo - RJ
CEP 22281-100
Tel. (21) 2539-7941
www.abead.com.br

ABRASA
Associação Brasileira de Saúde e Alcoolismo
Rua Leopoldo Bulhões, 1480
Manguinhos. Rio de Janeiro - RJ
CEP 21041
Tel. (21) 2598-2520
Fax (21) 2564-7782

CASA DE SAÚDE DR. EIRAS
Unidade Certa - Paracambi SUS
Avaliação e Internação de Dependentes Químicos
Fazenda do Barreiro s/nº
Lages - Paracambi - RJ
Tel. (21) 2683-2552 (R.225)
www.dreiras.com.br

CASA DO LINS
FUNDAÇÃO SIMONTON/IBMR
Rua Conselheiro Ferraz, 54
Lins de Vasconcelos
Rio de Janeiro/RJ CEP 20710-350
Fax (21) 2241-6866
www.ibmr.br/fsimonton/lins

CEAD/RJ
Conselho Estadual Antidrogas
Avaliação de Dependente Químico
Rua Fonseca Teles, 121 - 3º Andar
São Cristóvão - RJ CEP 20940-200
Tel. (21) 2589-9709 / 2589-8562
Fax: (21) 2580-2423

CENTRA-RIO
Centro de tratamento e Recuperação de Adictos
Hospital de Atendimento à Dependência Química
Rua Dona Mariana, 151
Botafogo - RJ CEP 22280-020
Tel. (21) 2286-3183

Clínica de Recuperação Michele Silveira de Morais
Estrada Reta do Rio Grande, 1300
Santa Cruz - RJ
Tel. (21) 2589-8709

Clínica Escola da Universidade Castelo Branco
Programa Qualidade de Vida
Atendimento ambulatorial em Dependência Química e Cursos de Captação e Informação
Av. Santa Cruz 1631- Realengo - RJ
CEP 21710-250
Tel. (21) 2401-9407 (R.243)

ESL – Escritório de Serviços Locais no Estado do Rio de Janeiro

Campos - Tel. (24) 2722-4505
Macaé - Tel. (24) 2722-4202
Niterói - Tel. (21) 2717-8556
Nova Iguaçu - Tel. (21) 2767-3729
Petrópolis - Tel. (24) 2243-1443
São Gonçalo - Tel. (21) 2605-3732
Volta Redonda - Tel. (24) 3342-0778

Fundação Osvaldo Cruz

Ministério da Saúde e Centro de Saúde
Escola Germano Sinval Faria
Atendimento para alcoolismo
Rua Leopoldo Bulhões, 1480
Manguinhos - RJ CEP 21041-210
Tel. (21) 2598-2520

Grupo GAPA – Grupo de Apoio à Prevenção à AIDS

Repasse de Medicamentos,
Aconselhamento e Apoio Pedagógico
Rua Conde de Bonfim, 377
Cobertura 4 - Tijuca - RJ
CEP 29520-051
Tel. (21) 5714-141

Hospital Universitário Gaffreé Guinle UNIRIO (AIDS)

Ambulatório e Internação
Rua Mariz e Barros, 775
Tijuca - Praça da Bandeira - RJ
CEP20270-000
Tel. (21) 2228-9615

Hospital Universitário Pedro Ernesto

Setor de Psiquiatria – Ambulatório
e Internação de Alcoólatras
Av. 28 de Setembro 87 - Vila Isabel - RJ
CEP 20551-030
Tel. (21) 2587-6126

Instituto Psiquiátrico Philipe Pinel

Centro de Tratamento do Alcoolismo
Av. Venceslau Braz, 65 - Botafogo - RJ
CEP 22290-140
Tel. (21) 2542-3946 (R.2057)

NA-NARCOT CREDEQ

Centro de Recuperação
para Dependentes Químicos
Internação para Dependentes Químicos
Estrada do Campinho, 4700
Campo Grande - RJ CEP 23066-540
Tel. (21) 2431-1292.

NA – Narcóticos Anônimos

Rua São José, 90 - s.2207- Centro - RJ
CEP 20010-020
Tel. (21) 2533-5015 e 2532-1580

NAR-ANOM – Grupos de Familiares e Amigos de Dependentes Químicos

Rua 1º de março, 125 - sl. 602
Centro - RJ CEP 20010-000
Tel. (21) 2263-6595

NEPAD/UERJ

Núcleo de Estudos e Pesquisas
em Atenção ao Uso de Drogas
Tratamento Ambulatorial
para Usuários de Drogas,
Exceto Alcoolismo e Tabagismo
Rua Fonseca Teles, 121- 4º andar
São Cristóvão - RJ CEP 20940-200
Tel. (21) 2589-3269

NEUDA – Núcleo de Estudos e Apoio ao usuário de drogas e álcool

Centro Espírita Irmão Samaritano
Rua José Sardinha, 247- Sulacap - RJ
Tel. (21) 3357-5153